Dr. Detlef Pape | Anna Cavelius | Angelika Ilies

SCHLANK

IM SCHLAF

FÜR FRAUEN

QUALITÄTS G|U GARANTIE

DIE GU-QUALITÄTS-GARANTIE

Wir möchten Ihnen mit den Informationen und Anregungen in diesem Buch das Leben erleichtern und Sie inspirieren, Neues auszuprobieren. Bei jedem unserer Bücher achten wir auf Aktualität und stellen höchste Ansprüche an Inhalt, Optik und Ausstattung. Alle Rezepte und Informationen werden von unseren Autoren gewissenhaft erstellt und von unseren Redakteuren sorgfältig ausgewählt und mehrfach geprüft. Deshalb bieten wir Ihnen eine 100%ige Qualitätsgarantie.

Darauf können Sie sich verlassen:
Wir legen Wert darauf, dass unsere Kochbücher zuverlässig und inspirierend zugleich sind.
Wir garantieren:
- dreifach getestete Rezepte
- sicheres Gelingen durch die Schritt-für-Schritt-Anleitungen und viele nützliche Tipps
- eine authentische Rezept-Fotografie

Wir möchten für Sie immer besser werden:
Sollten wir mit diesem Buch Ihre Erwartungen nicht erfüllen, lassen Sie es uns bitte wissen! Nehmen Sie einfach Kontakt zu unserem Leserservice auf. Sie erhalten von uns kostenlos einen Ratgeber zum gleichen oder ähnlichen Thema. Die Kontaktdaten unseres Leserservice finden Sie am Ende dieses Buches.

GRÄFE UND UNZER VERLAG
Der erste Ratgeberverlag – seit 1722.

KV

Schlank im Schlaf ... (nur) für Frauen

Frauen essen anders ... 6

Weibliche Gewichtsfallen 10

Ab heute: besser leben ... 18

Lecker essen mit SiS 22

Was darf ich essen? – Auswahltabelle

Was darf ich trinken? – Auswahltabelle

Service

Umschlagklappe vorne:

Typgerecht abnehmen

Umschlagklappe hinten:

Das SiS-Prinzip auf einen Blick

Feine Rezepte für Genießerinnen (und alle, die sie lieben)

Frühstück – aber ja! 38

Für Morgenhungrige und auch für Frühstücksmuffel

mit Frühstücks-Baukasten 40

Frühstücksrezepte 42

Mittagessen – schnell, frisch, raffiniert 50

Das macht satt, ohne zu belasten

mit Notfallkoffer: Snacks für den Fall der Fälle 53

Mittagessensrezepte inklusive Mitnehmrezepte 54

Abendessen – für mich, die Familie & Gäste 86

Gebraten, gedämpft, gekocht und gebacken, mal herzhaft, mal mild, einheimisch und exotisch

Mit Vorschlägen für Abendessen ohne Kochen 89

Abendessenrezepte 90

Zum Nachschlagen

Rezeptregister 138

Sachregister 140

Bücher und Adressen zum Thema 141

Impressum 142

Schlank im Schlaf

... (nur) für Frauen

Frauen essen anders ...

Intuitiv weiß es wohl jeder: Männer stammen nicht nur vom Mars und Frauen von der Venus, Mann und Frau essen auch anders. Das zeigt sich bereits beim Einkaufsverhalten. Während Mann sich beherzt an der Kühltheke im Supermarkt mit Fleisch und Wurst bedient oder sich mit dem Metzger in Fachgesprächen über das Tranchieren von größeren Bratenstücken sowie die richtige Kerntemperatur von Roastbeef und Schweinebraten austauscht, drehen Frauen am Obst- und Gemüsestand liebevoll Papayas in den Händen, schnuppern an Ananas und Melonen und betrachten mit kundigem Blick Tomaten, Feldsalat und Zuckerschoten, bevor sie ihren Einkaufswagen bepacken. Die Tafel Schokolade kommt dann später noch dazu.

Tatsächlich ist es so, dass sich Männer, was ihr Essverhalten und ihre kulinarischen Vorlieben betrifft, zumeist immer noch wie urzeitliche Jäger verhalten. Frauen dagegen sammeln einfach lieber, haben ein Faible für »schöne« Lebensmittel, mögen Gewürze, aromatische Kräuter, haben keine grundsätzliche Aversion gegen Tofu & Co. und mögen Süßes. Und ja, sie essen auch gelegentlich Fleisch und Fisch.

Frauen lieben Gemüse, Männer mögen Fleisch

Wissenschaftler der amerikanischen Universität Portland, Oregon, trugen im Jahr 2007 über einen Zeitraum von 12 Monten umfassende Daten zum Ernährungsverhalten und zu den kulinarischen Vorlieben von 14.000 Männern und Frauen zusammen. Ziel war, eine spezifische Ernährungsberatung für Männer und Frauen mit Gewichtsproblemen zu ermöglichen. Heraus kam bei dieser bisher ausführlichsten Erhebung zu geschlechtsspezifischen Essgewohnheiten Folgendes: Der amerikanische Mann mag regelmäßig Fleisch und Geflügel auf dem Teller, schätzt aber auch Schalentiere wie Shrimps oder Austern. Letzteres mag der Lage des Bundesstaates am Pazifik gezollt sein. Die befragten Frauen dagegen verzehrten besonders gern Tomaten und Möhren, Äpfel oder Erdbeeren. Auch Nüsse standen deutlich häufiger auf dem Speiseplan, ebenso wie Eier und Joghurt. Gemüse stand bei den befragten Herren der Schöpfung weniger hoch im Kurs – mit zwei Ausnahmen: Spargel und Rosenkohl.

Warum sich derlei Neigungen manifestieren, sehen die Wissenschaftler grundsätzlich in unseren prähistorischen Wurzeln verankert. Frauen waren eher für das Grünzeug, sprich den Ackerbau zuständig, der Mann zog auf die Jagd oder ging fischen.

Essen wie auf einem anderen Stern

In der Studie wurde aber nicht nur die Lebensmittelauswahl der Geschlechter untersucht. Auch bei Zubereitung und Einkauf der Produkte zeigen sich verschiedene Vorlieben. Kaum eine Frau bestellt demnach im Restaurant ihr Steak blutig oder halbroh (medium). Während Frauen insbesondere Fleisch und Fisch lieber frisch kaufen, greifen Männer gerne zu Tiefkühlware, denn Eingefrorenes lässt sich gut auf Vorrat für den kleinen Fleischhunger zwischendurch hamstern.

Beim Essen selbst macht Mann dann Tempo. Während sein weibliches Gegenüber noch im Salat mit Putenstreifen pickt, hat er sein Schnitzel bereits verschlungen. Etwas verkürzt kann man sagen, dass Männer eher lustbetont essen und sich wenig Gedanken über gesundes, ausgewogenes Essen machen. Eine Ernährungsumstellung oder Diät kommt daher oft erst in Frage, wenn ein besorgter Arzt sie aus Gesundheitsgründen empfiehlt.

INFO

Warum Frauen (oft) gesünder essen

Die stärkere Gesundheitsorientierung von Frauen beim Essen geht, so vermuten Ernährungspsychologen, auf die tradierte Ernährungsverantwortung der Frau in der Familie zurück. Verpflegung und Gesundheit der Sippe oblag über Jahrtausende dem weiblichen Geschlecht. In der Schwangerschaft stellen auch heute noch viele Frauen ihren Ernährungs- und Lebensstil mit Rücksicht auf den Nachwuchs vollständig um und behalten diesen in aller Regel viele Jahre lang bei.

Die Ernährung nach dem Schlank-im-Schlaf-Prinzip macht nicht nur eine gute Figur, gesund und schön, sondern bietet alle wichtigen Nähr- und Vitalstoffe in den optimalen Mengen.

Ich bin zu dick

Diäten sind dagegen eine eindeutig weibliche Domäne; fast jede Frau – auch die normalgewichtige und schlanke – ist unzufrieden mit ihrem Körper und macht in mehr oder weniger regelmäßigen Abständen Diäten. Der bekannte Effekt, der sich oft danach einstellt, sind stärkere Rundungen und Polster an Bauch, Beinen und Po – der »Jojo-Effekt«. Denn hinzu kommt eine weitere typisch weibliche »Spezialität«: der Hang zum Süßen und Sahnigen – auch wenn Frau ohne mit der Wimper zu zucken tagelang von Eiern, Ananas, nach Low Carb oder Low Fat leben kann. Kaum eine Kombination ist so vielversprechend als Belohnung nach den Diät-Tagen, als Wohlfühleinheit oder zum Stressausgleich als fester Bestandteil des Tagesausklangsrituals auf der Couch. Schokolade, Eiscreme oder süße Smoothies erfüllen dieses Verlangen perfekt – und machen (leider) dick.

Gelegentlich kann weibliches Essverhalten tatsächlich zwanghafte Züge annehmen, womit Essstörungen der Weg gebahnt wird. Wir reden hier aber von ganz »normalem« Essverhalten.

Warum Frauen so leicht zunehmen

Neben den bekannten Gründen für eine Gewichtszunahme kommt bei vielen Frauen im wahrsten Sinne des Wortes erschwerend das Auf und Ab der Hormone hinzu. Im weiblichen Körper ändern sich die Hormonkonzentrationen ständig: von der Entwicklung vom Mädchen zur Frau, im Lauf des Monatszyklus, bei einer Schwangerschaft und schließlich in den Wechseljahren. Jede dieser Phasen birgt ihre Gewichtsfallen, da sich die Stoffwechselsituation ändert. Die Lösung: eine konsequente Ernährung nach dem Schlank-im-Schlaf-Prinzip.

Mein Körper, mein Feind

Eine Studie an der Universität Landau (Forschungsstelle für Sexualwissenschaft und Sexualpädagogik) aus dem Jahr 2000 zeigte, dass Frauen ihren Körper mitunter sogar als Gegner empfinden. 20- bis 29-jährige und 40- bis 49-jährige Frauen sind häufiger betroffen als Frauen anderer Altersgruppen. Ihren Körper am besten akzeptieren können Frauen ab 60. Auch 50- bis 59-jährige Frauen nehmen ihren Körper eher an. Den größten Einfluss auf die Akzeptanz des eigenen Körpers hat dabei die Zufriedenheit mit der Figur. Gewicht ist für die meisten Frauen ein ständiges Thema, weshalb übergewichtige Frauen ihre Polster auch als Stigma empfinden. Denn Anerkennung und gutes Aussehen wird oft mit einer schlanken Figur verbunden.

Vor diesem Hintergrund erscheint es besonders wichtig, dass Frauen und Mädchen ein normales Verhältnis zum Essen und ihrem Körper gewinnen. Dabei können sie sich durchaus etwas von der unbekümmerten Ernährungsweise der Männer abschauen. Dass Essen auch Frauen Spaß machen kann und darf und zugleich dabei hilft, auf gesunde

Art in Form zu kommen, zeigen wir Ihnen in diesem neuen Buch mit vielen kulinarischen Kreationen für Genießerinnen aus der Schlank-im-Schlaf-Reihe.

Richtig essen – kompliziert wie nie

Auch wenn die Statistik in Sachen gesunder Ernährung eindeutig für das weibliche Geschlecht spricht, zeigt sich ein aus medizinischer Sicht besorgniserregendes Bild: »Dank« veränderter Lebensgewohnheiten, die sich unter der ungesunden Formel »zu viel Zucker, zu viel ungesunde Fette (es gibt auch gesunde!), zu viel Stress und zu wenig Bewegung« zusammenfassen lassen, tun sich beide Geschlechter heute zunehmend schwer damit, schlank zu bleiben oder Pfunde, die sich im Lauf der Zeit ansammeln, wieder loszuwerden. Lebensmittel sind rund um die Uhr verfügbar, und der Bedarf wird von der Lebensmittelindustrie unermüdlich angeheizt. Im Zuge dessen haben sich Übergewicht und Fettleibigkeit zu Geißeln der Menschheit entwickelt, in deren Folge viele Zivilisationskrankheiten auftreten: Typ-2-Diabetes, Herz-Kreislauf-Beschwerden und Krebs verkürzen die Lebensspanne von einem Erwachsenen mit einem Body-Mass-Index von 40 um 10 bis 14 Jahre. Bedrohlich, wenn man bedenkt, das 66 Prozent der Männer, aber auch 53 Prozent der Frauen in Deutschland übergewichtig sind (Stand Ende 2012).

Jeder vierte Deutsche ist sogar krankhaft fettleibig. Bei Frauen betrifft dies vor allem solche ohne Schulabschluss oder mit geringer Bildung (Quelle: statista). Besonders dramatisch ist die Entwicklung bei Kindern: Jeder dritte Junge und jedes dritte Mädchen in den OECD-Ländern ist zu dick. In Deutschland bringen 15 Prozent der Kinder zu viele Kilos auf die Waage.

INFO

Mädchen haben den besseren Geschmackssinn

Die bisher weltgrößte Studie zum Thema Geschmack wurde mit 8.900 Kindern und Jugendlichen an der Universität Kopenhagen im Jahr 2008 durchgeführt – in diesem Alter ist das Geschmacksempfinden am sensibelsten. Die Arbeitsgruppe von Bodil Allesen Holm wollte herausfinden, ob Jungen und Mädchen anders auf Geschmacksrichtungen reagieren. Die dänischen Schüler beteiligten sich während des Unterrichts an einem Experiment, bei dem es darum ging, verschiedene Geschmacksrichtungen zu erkennen. Das Fazit: Mädchen besitzen den feineren Geschmackssinn. Sie nahmen selbst kleinste Geschmacksnuancen viel deutlicher wahr als Jungen. So können Mädchen süße und saure Nuancen bei Lebensmitteln entschieden besser herausschmecken als die Jungen. Die größere Geschmackssensibilität der Mädchen hängt dabei nicht mit der Zahl der Geschmacksknospen auf der Zunge zusammen, sondern mit der Signalverarbeitung im Gehirn. Im Erwachsenenalter dann ist die Geschmacksentwicklung bei Männern und Frauen offenbar ähnlich. Diesen Unterschied sieht auch den britischen Starkoch Jamie Oliver. In einem Interview mit der Zeitschrift »Men's Health« zeigte er sich überzeugt davon, dass Frauen nicht nur besser kochen könnten als Männer, sondern auch einen besseren Geschmackssinn hätten.

Weibliche Gewichtsfallen

Essen, so scheint es, ist vor allem für Frauen – trotz ihres statistisch verbrieften Hangs zum Gesunden – eine besonders komplizierte Angelegenheit: Viele Frauen haben das Gefühl, sie nehmen schon zu, wenn sie einer Leckerei nur einen interessierten Blick zuwerfen. Dann gibt es so viele Gründe im Alltag, etwas zu knabbern, etwas zu löffeln und zu schlucken. Langeweile, Stress und Ärger im Alltag lassen sich kurzfristig durch Naschen lindern.

Und zudem hat Frau oft besonders Appetit auf etwas Gutes, am liebsten Süßes, weil ihre Hormone es so wollen. Im Buch »Die Hormonformel« haben wir gezeigt, wie die weiblichen Geschlechtshormone im Konzert mit Stresshormonen und anderen Botenstoffen das Gewicht einer Frau jeden Monat regelrecht zum Schaukeln bringen können, sodass diese trotz gleichbleibender Essgewohnheiten von einem Tag auf den anderen ein bis drei Kilogramm mehr auf die Waage bringen kann.

Ausgleichend und zugleich optimal auf die weibliche Hormonbalance wirkt die Schlank-im-Schlaf-Trennkost. Zu diesem Konzept gehören drei Mahlzeiten pro Tag, Essenspausen und physiologisch sowie biorhythmisch sinnvolle Nährstoffkombinationen. Das Ganze einfach, lecker und abwechslungsreich, wie Sie an den Rezepten ab Seite 42 sehen und schmecken können.

INFO

Risikofaktor Übergewicht

Wenn die Lieblingsjeans nicht mehr passt, ist das schlecht für die Stimmung. Wer aber zu viel Ballast in Form von Körperfett mit sich herumschleppt, schadet sich und seiner Gesundheit massiv: Knie- und Hüftgelenke sowie die Venen leiden. Zudem ist die Gefahr erheblich, an Typ-2-Diabetes, Herz-Kreislauf-Beschwerden und Krebs zu erkranken. Ob die Pfunde zu viel an Bauch und Hüften gesundheitlich problematisch sind, lässt sich anhand verschiedener Messungen feststellen.

BMI

Die Berechnung des Body-Mass-Index (BMI) funktioniert nach der Formel: Körpergewicht (in Kilogramm) geteilt durch Körpergröße (in Meter) im Quadrat (das heißt: zwei Mal mit der Körpergröße teilen).

Beispiel: Eine 1,70 m große Frau mit 70 Kilogramm Körpergewicht hat einen BMI von 24,22 (70 kg : 1,70 m : 1,70 m = 24,22 BMI).

Ab einem BMI von über 25 sprechen Ernährungsmediziner von Übergewicht, ab 30 von Adipositas (Fettleibigkeit). Das ist zum Beispiel der Fall, wenn eine 1,70 Meter große Frau mehr wiegt als 85 Kilogramm. Die Lebenserwartung dieser Frauen liegt um 15 Jahre unter der von Normalgewichtigen. Ab einem BMI von 30 sollte deshalb eine ernährungsmedizinische Therapie wie etwa nach dem Schlank-im-Schlaf-Prinzip erfolgen. Allerdings handelt es sich beim BMI nur um einen Richtwert. Die körperliche Konstitution, also die Verteilung von (schwerer) Muskelmasse und Fett ist dabei nicht berücksichtigt.

Wichtig: Ihr BMI ist wichtig für die Feststellung Ihres täglichen Kohlenhydratbedarfs! (siehe Seite 24)

Bauchumfangmessung

Eine weitere Möglichkeit, um Übergewicht festzustellen, ist die Bauchumfangmessung. Das Fett am Bauch ist im Gegensatz zu den Polstern an Hüften und Oberschenkeln besonders stoffwechselaktiv und produziert Boten- und Entzündungsstoffe.

- Bei einem regelmäßigen Menstruationszyklus messen Sie Ihren Taillenumfang in der ersten Zyklushälfte. Tasten Sie seitlich die Weichteillücke zwischen der untersten zwölften Rippe und dem knöchernen Bekkenoberrand und führen Sie hier um den Oberbauch in einer geraden Linie ein Maßband herum. Meist liegt diese oberhalb des Bauchnabels.
- Messen Sie zwischen dem Ein- und Ausatmen. Das Band darf eng am Körper anliegen.

Bei Frauen gelten mehr als 96 Zentimeter Bauchumfang als riskant für die Entwicklung eines Typ-2-Diabetes und von Herz-Kreislauf-Erkrankungen. Ein Wert zwischen 88 und 95 Zentimeter ist bereits bedenklich. Ein leicht erhöhtes Gesundheitsrisiko besteht bei 80 bis 87 Zentimetern.

Bioimpedanzmessung

Einen genauen Aufschluss über die Verteilung von Muskeln und Fett gibt eine Bioimpedanzmessung. Sie wird in einigen Arztpraxen (z. B. in InsuLean-Praxen, www.insulean.de) durchgeführt wie auch in manchen Fitnessstudios (Liegendmessung).

Hormone – wie sie dick oder dünn machen

Neben ihrer Wirkung auf den Körperbau und das seelische Grundgerüst einer Frau spielen Hormone bei allen körperlichen Auf- und Abbauprozessen eine wichtige Rolle. Und nicht nur hierbei: Das ständige Auf und Ab von Östrogen, Gestagen, Insulin, Cortisol & Co. macht das Leben spannend, aber auch mal nervig mit Tagen, an denen man sich besser oder schlechter fühlt. Dann gibt es Phasen, in denen Frauen rascher an Gewicht zulegen, obwohl sie gefühlt genauso wenig oder viel gegessen haben wie sonst auch. Und nicht nur das: Die Pfunde bleiben auch hartnäckiger an Stellen, an denen man sie sich eben nicht wünscht und sie Frust vor dem Spiegel bescheren.

Typisch weiblich scheint eine »schleichende« Gewichtszunahme zu sein. So können normalgewichtige Mädchen im Lauf der Pubertät durch das Auf und Ab von Östrogen und Gestagen zunehmen. Vielen erwachsenen Frauen macht das prämenstruelle Syndrom und scheinbar unvermeidliche Heißhungerattacken mit einem garantierten Plus auf der Waage zu schaffen. Andere bleiben auf Schwangerschaftskilos sitzen, die sich nach der Geburt eines Babys nicht verabschieden wollen. Im Lauf der Wechseljahre dann scheint eine Gewichtszunahme selbst bei schlanken Frauen unvermeidlich. Wieder sind die Drahtzieher für diese scheinbar unvermeidlichen Geschehen die Hormone.

Alles im Lot: Östrogen

Eine Schlüsselstelle im weiblichen Hormonhaushalt und auch bei der Gewichtsregulation nehmen Östrogene ein. Sie steuern Fruchtbarkeit und Fortpflanzung, stabilisieren die Knochen, schützen Gehirn und Blutgefäße, sorgen für einen glatten Teint und stärken das Immunsystem. Östrogene werden vor allem in den Eierstöcken gebildet, in der Nebennierenrinde und in geringer Menge im männlichen Hoden, während einer Schwangerschaft auch im Mutterkuchen (Plazenta). Bei Übergewicht und in der Menopause stellt das Fettgewebe im Bauch Östrogene her. Das wichtigste ist Östradiol.

Im weiblichen Zyklus sind sie für den Eisprung verantwortlich. In der Pubertät bewirken Östrogene die Ausbildung der typisch weiblichen Geschlechtsmerkmale. Die Sanduhr- oder Birnenform mit schmaler Taille, breiteren Hüften und kräftigen Oberschenkeln ist auch dem Östrogen zu verdanken. Ist sein Spiegel im Lot, geht es einer Frau in jeder Hinsicht gut, da unter anderem das Wohlfühl-Hormon Serotonin angeregt wird.

Östrogen macht satt

Dass das weibliche Sexualhormon Östrogen auf das Hungerzentrum im Gehirn ähnlich wie das Sättigungshormon Leptin wirkt, haben Mediziner der Yale-Universität in Tierversuchen entdeckt. Das wirkt sich positiv auf den Fettstoffwechsel aus. Außerdem spielt Östrogen eine dominante Rolle im Energiestoffwechsel des Gehirns. Laut Studienleiter Tamas Horvath benutzt es im Gehirn dieselben Signalwege wie Leptin, um ein Gefühl der Sättigung auszulösen. Bei Menschen mit starkem Übergewicht (BMI > 30) und einer so entstandenen Leptinresistenz – die Betroffenen sind dann nicht mehr in der Lage, Hunger und Sattheit zu empfinden – kann eine Östrogengabe helfen, den Appetit zu bremsen. Ein anderer Weg, um gestörte Stoffwechselprozesse und Hormonresistenzen auszubalancieren ist eine langsame, sichere Gewichtsabnahme wie beispielsweise mit Hilfe der Schlank-im-Schlaf-Trennkost. (Quelle: Natural Medicine 2007)

Schlankmacher: Gestagen

Gestagen oder Progesteron ist wie Östrogen ein weibliches Geschlechtshormon. Das Schwangerschafts- und Verhütungshormon stammt aus dem Gelbkörper in den Eierstöcken. In der Schwangerschaft bildet auch die Plazenta Gestagen. Das Hormon bereitet die Gebärmutterschleimhaut auf eine Schwangerschaft vor und hilft bei der Einnistung eines befruchteten Eis. Bei Frauen und Männern werden außerdem geringe Gestagenmengen in der Nebennierenrinde produziert. Aus Gestagen werden viele andere Hormone gebildet, z. B. Testosteron, Östrogen oder Aldosteron (ist an der Steuerung des Flüssigkeitshaushalts beteiligt) und das Stresshormon Cortisol. Gestagen verjüngt das Gewebe, stärkt die Libido, wirkt belebend und entspannend zugleich und unterstützt den Fettabbau. Zudem verringert es die Entstehung von Brustkrebs und Gebärmutterschleimhautkrebs.

Gestagene wirken als Nervenbotenstoffe im Gehirn u. a. auf die Stimmung. Während ein Progesteron-Hoch die Gehirnfunktionen positiv beeinflusst, macht ein niedriger Progesteronspiegel schlechte Laune und Schlafprobleme. Ab 40 geht es mit dem Progesteron- und dem Östrogenspiegel bergab. Diese Symptome können mit Progesteron-Kapseln von Ihrem Frauenarzt behandelt werden.

TIPP

Folgen von Östrogenmangel natürlich ausgleichen

Durch den natürlichen Alterungsprozess nimmt die Östrogenproduktion im Lauf der Wechseljahre langsam ab. Symptome dafür sind u. a. Hitzewallungen, Trockenwerden der Schleimhäute (Augen, Vagina) und der Haut, Konzentrationsschwäche, Gelenkbeschwerden, Abbau der Knochensubstanz (Osteoporose) und ein erhöhtes Risiko für Herz-Kreislauf-Erkrankungen.

Hilfreich sind:

- **Eine Ernährung nach dem SiS-Prinzip,** bei der morgens und mittags sättigende, wärmende Kohlenhydrate auf dem Speiseplan stehen. Der Risikofaktor Übergewicht wird durch diese Ernährungsweise ausgebremst, der »Menopausenbauch« entsteht gar nicht erst. Eine Studie an der Tufts University Massachusetts zeigte, dass sich reine Low-Carb-Diäten ungünstig auf die geistige Leistungsfähigkeit auswirken.
- **Extra-Nährstoffe bei Müdigkeit und Schwäche nach den Wechseljahren,** zum Beispiel Vitamin B_{12}.
- **Vitamin-D_3-Gaben;** empfehlenswert zwischen dem 49. und 59. Lebensjahr, in der Prämenopause und Menopause (z. B. ab dem 50. Lebensjahr 1 x täglich 1000 IE Vitamin D_3). Es kann sonst zum Abbau von bis zu 30 Prozent der Knochenmasse durch Östrogenverlust kommen. Vitamin D_3 kommt außerdem den Gefäßen und dem Immunsystem zugute.
- **Selen- und Zinkergänzungen**
- **Leichtes Bewegungs- und Ausdauertraining, leichte Kraftübungen, Treppensteigen und Spazierengehen** helfen, die Knochen- und Muskelsubstanz zu erhalten.

PMS = Prämenstruelles Syndrom

Jede zweite Frau kennt es: Etwa eine Woche vor Beginn der Regel schwankt die Stimmung, und der Kopf tut weh. Ständig hat man Hunger, vor allem auf Süßes und Sahniges, und zugleich das unschöne Gefühl, aufgebläht zu sein. War man in den ersten 21 Tagen des Zyklus durch die hohe Östrogenkonzentration glücklich, zufrieden und hatte Lust auf Sex, verursacht das Absinken des Östrogens regelrechte Entzugserscheinungen. Der schwankende Östrogenspiegel lässt die Nieren weniger Flüssigkeit als normal ausscheiden. Das Wasser lagert sich in den Beinen, am Bauch und in den Brüsten ein. So kommen schnell ein paar Kilo mehr und das Gefühl der Unförmigkeit zustande.
Trinken Sie reichlich, um die Nierentätigkeit anzuregen. Das hilft dem Körper, die gespeicherte Flüssigkeit auszuscheiden. Die Heißhungerattacken an den Tagen vor den Tagen kommen durch erniedrigte Serotonin- und Blutzuckerspiegel zustande. Eine konsequente Ernährung nach dem SiS-Prinzip hilft, den Hunger auszubremsen. Nach Einsetzen der Regel verschwinden die Symptome.

Powerhormon: Testosteron

Das wichtigste männliche Geschlechtshormon Testosteron wird bei Frauen in den Eierstöcken und in der Nebennierenrinde gebildet. Im Bauchfettgewebe wird Testosteron zu Östrogen umgewandelt. Testosteron beeinflusst die Ausprägung typisch männlicher Körpermerkmale, die Libido, Antrieb und Aktivität. Die Muskeln wachsen unter Testosteroneinfluss schneller, und die Knochen werden stabiler. Ausgangssubstanzen

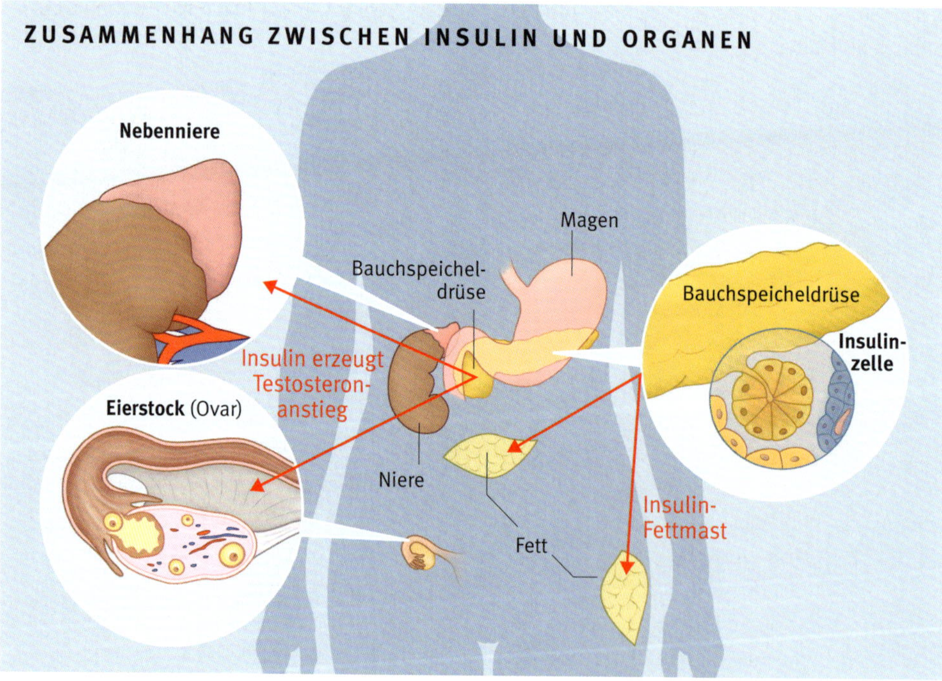

Dauerhaft erhöhte Insulinanstiege sorgen für den Anstieg des männlichen Geschlechtshormons Testosteron, das eine Fettspeicherung am Bauch begünstigt, ein für die Gesundheit ganz erheblicher Risikofaktor.

für Testosteron sind Progesteron und das Hormon DHEA. DHEA ist ein Stimulationshormon bei der Umwandlung von Androstendion zu Testosteron oder Östrogen, bei dem man allerdings nicht weiß, ob sich nach Einnahme mehr Östrogen oder mehr Testosteron bildet, – bei Männern wie bei Frauen. Bei einem Testosteronüberschuss bei Frauen kann es zu Menstruationsstörungen, Fruchtbarkeitsproblemen oder Störungen in der Pubertätsentwicklung kommen. Ein Testosteronanstieg spielt eine wesentliche Rolle dabei, ob sich Fett am Bauch ansammelt. Dies ist insbesondere nach den Wechseljahren von Bedeutung, wenn Frauen besonders leicht zunehmen. Durch den absinkenden Östrogenspiegel entsteht ein relativer Überschuss an Testosteron in der Nebennierendrüse und den Eierstöcken. Dort wird es bei bestehender Hyperinsulinämie (pathologisch erhöhtem Insulinspiegel) durch Insulin zusätzlich stimuliert.

Fatburning-Bremse: Insulin

Zwei Hormone, die in unterschiedlichen Zellen in der Bauchspeicheldrüse hergestellt werden, regulieren den Blutzuckerspiegel: Glukagon und Insulin. Letzteres gilt zum einen als Schlüssel- zum anderen als Dickmacherhormon. Es senkt den angestiegenen Zuckerspiegel im Blut nach einer Mahlzeit, indem es die im Blut anflutenden Nährstoffe Zucker (aus Kohlenhydraten), Eiweiß und Fette in die Muskelzellen leitet. Dazu befinden sich auf den Körperzellen – und zwar sowohl auf den Muskel- als auch auf Fett- und Leberzellen – Aufnahmestellen (Rezeptoren) an ihrer Außenhaut (Membran).

Hier dockt das Eiweißhormon an und löst eine Signalkette aus: Es veranlasst im Zellkern die Aussendung von Transportern, die durch den jetzt offenen Schacht Glukose aus Zucker und Stärke, Eiweißbausteine (Aminosäuren) und Fettsäuren aus Triglyzeriden aufnehmen. Von dort aus wandern sie in die Zellkraftwerke (Mitochondrien) und werden hier für die Energiegewinnung für alle körperlichen und geistigen Tätigkeiten verwendet oder als Bausteine für neue Zellstrukturen eingesetzt.

Auch steigert Insulin den Zuckeraufbau in der Leber und den Muskelzellen. Hier landen alle Reserven, die nicht durch Bewegung verbraucht werden. Glukagon setzt diese Zuckerreserven dann bei Bedarf wieder frei, sofern nicht allzu schnell durch kleine Snacks, ein Stück Obst oder ein Glas Saft wieder für Zuckernachschub gesorgt wird. Funktioniert das Zusammenspiel von Insulin und Glukagon, so ist man immer ausreichend mit Energie aus dem Blutzucker versorgt. Das ist beispielsweise der Fall, wenn Sie sich nach dem Schlank-im-Schlaf-Prinzip ernähren.

INFO

Lust auf Sex?

Die Antwort auf die Frage geben die Spiegel von Testosteron und des Botenstoffs DHEA, der in den Nebennieren produziert wird, den Muskelaufbau unterstützt, die Laune hebt und die Vitalität fördert. Eine im Mai 2012 veröffentlichte Studie der University of Michigan zeigte, dass Frauen sich begehrenswerter und auch wohler in ihrem Körper fühlten, wenn ihr Testosteronspiegel erhöht ist. Sinkt er, sorgt er für das »Ich bin zu dick«-Gefühl, das Männer selbst bei stattlicheren Körpermaßen nur selten plagt.

Wie Insulin dick macht

Ohne Insulin würden die Nährstoffe nach dem Essen weiter im Blut kreisen. Experten sprechen dann von einer Hyperglykämie, einem zu hohen Blutzuckerwert, der typisch für einen Diabetes ist. Durch die Zuckermengen produziert die Bauchspeicheldrüse immer mehr Insulin. Höhere Insulinspiegel sind auf Dauer riskant, da sie den Zellstoffwechsel behindern. Durch den Überschuss (Hyperinsulinämie) werden die Insulinrezeptoren an den Zellmembranen unempfindlich für ihren Schlüssel und ziehen sich zurück. Die Zelle schließt so den Transportschacht, um sich vor Überernährung zu schützen. Eine Insulinresistenz entsteht. In den Mitochondrien läuft der Energiestoffwechsel auf Sparflamme, während die Nährstoffe mit Hilfe von Insulin in die dehnbaren Fettzellen verfrachtet werden. Alle Voraussetzungen für eine Gewichtszunahme sind geschaffen: Denn durch das Insulin-Hoch ist zudem die Fettverbrennung blockiert. Wenn sich die gestaute Energie positiv entlädt – durch körperliche Bewegung, eine kreative Problemlösung oder eine Entspannungsreaktion – werden die Stresshormone nach kurzer Zeit wieder heruntergefahren. Unterschieden wird hier auch zwischen positivem Stress, beispielsweise bei einer besonderen Herausforderung, die man meistert, und negativem Stress, etwa bei Schlafmangel, einem nicht erfüllenden Job oder Doppel- und Mehrfachbelastungen, die man schier nicht in den Griff bekommt. Insbesondere Letzteres ist nach wie vor (leider) ein typisch weibliches Problem. Ein anspruchsvoller Beruf, daneben vielleicht ein Baby, das nicht durchschläft, Kinder, die Schulprobleme haben, aufmüpfige Teenager, ein Haushalt, den es zu wuppen gilt, ein Partner, dem der Rücken freigehalten wird und mit dem man bei alledem auch seine Beziehung leben möchte …

Schlankmacher: Wachstumshormon HGH

Ein wirkungsvoller Gegenspieler von Insulin ist neben dem Glukagon ein Botenstoff, der vorwiegend ab 20 Uhr und insbesondere

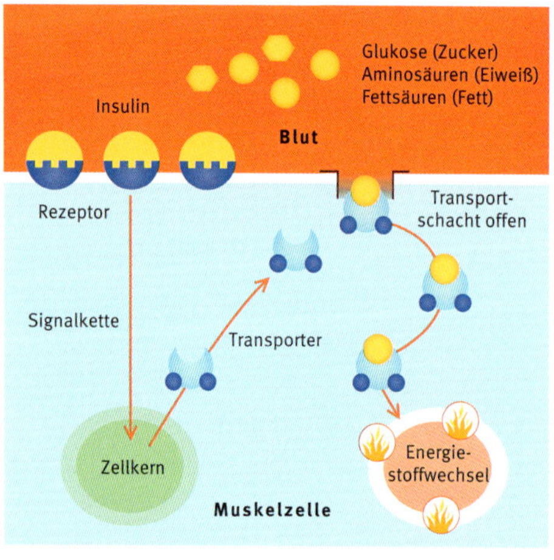

Das Hormon Insulin »öffnet« die Zelle und löst eine Signalkette aus: Transporter werden entsandt, die Zucker, Fett und Eiweiß aus der Nahrung in die Zelle einschleusen, wo sie verbrannt oder eingebaut werden.

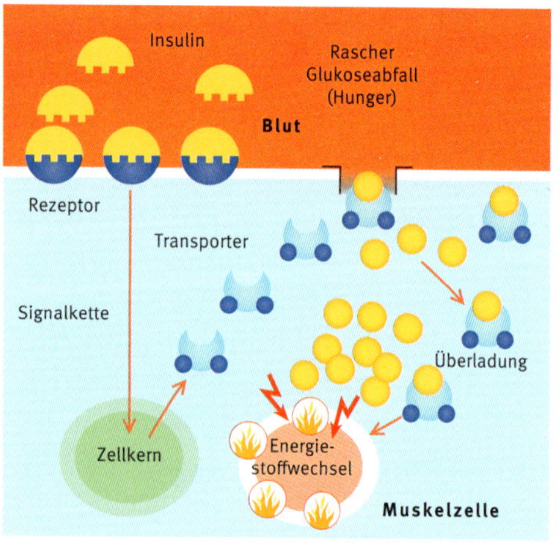

Ist die Nahrung sehr eiweiß- und zuckerreich, steigt auch der Insulinspiegel an, um die Nährstoffe in die Zelle zu pressen. Der Energiestoffwechsel ist überhöht. Durch den raschen Glukoseabfall kommt es zu Heißhunger.

ab Mitternacht, wenn man schläft, produziert wird. Das Wachstumshormon (Human Growth Hormone/HGH) stammt aus der Hypophyse und schaltet alle Reparatur-Wachstumsprozesse im Stoffwechsel an. Jetzt findet die Fettverbrennung im Schlaf statt, nach welcher das Insulin-Trennkost-Prinzip nach Dr. Detlef Pape benannt wurde.

Dick oder dünn? Schilddrüsenhormone

Ob Sie schnell zunehmen oder sogar zu Untergewicht neigen, kann auch durch Störungen der Schilddrüse verursacht sein. Die beiden Schilddrüsenhormone Thyroxin (T4) und Trijodthyronin (T3) sorgen für Energie und Leistungsfähigkeit und wirken – sofern sie im Gleichgewicht sind – auf den Stoffwechsel, indem sie Nährstoffe optimal verwerten helfen. Der Stoffwechsel wird angeregt, der Sauerstoffverbrauch erhöht sich, ebenso wie der Energieumsatz und die Wärmeproduktion. Zudem fördern sie Wachstum und Reifung des Gehirns sowie des Skeletts. Frauen, die zu wenig Thyroxin bilden, machen schneller

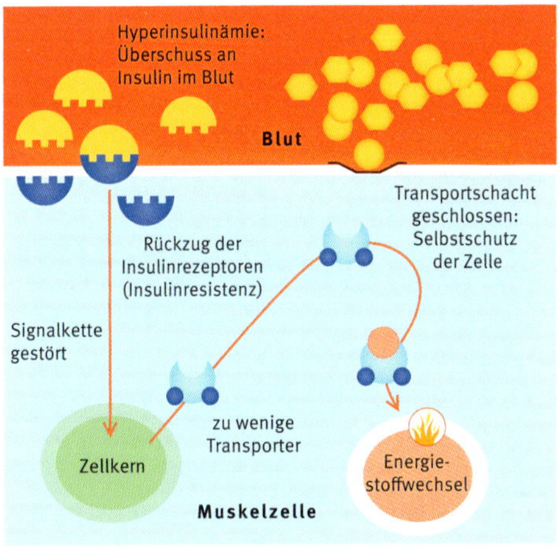

Durch dauerhaften Insulinüberschuss im Blut ziehen sich die Rezeptoren zurück. Es werden zu wenige Transporter gebildet. Die Folge: Besonders Zucker und Fett wandern in die Fettzellen. Der Energiestoffwechsel ist niedrig.

schlapp, leiden unter Müdigkeit und Konzentrationsmangel und legen leichter an Gewicht zu. Eine Ursache ist die Unterversorgung mit Jod, eine andere eine chronische, schmerzlose Schilddrüsenentzündung (Hashimoto-Thyreoiditis). Es wird vermutet, dass Dauerstress zu dieser Erkrankung führen kann, die wesentlich häufiger bei Frauen diagnostiziert wird als bei Männern. Auch bakterielle oder virale Infektionen in Kombination mit einem geschwächten Immunsystem können als Ursachen infrage kommen. Genauen Aufschluss gibt ein Blutbild. Behandelt wird die Krankheit durch den Ersatz von Schilddrüsenhormonen.

INFO

Schlafmangel macht dick

Entgegen der Annahme, dass zu wenig Schlaf auszehrend wirkt, fördert Schlafmangel Übergewicht. Besonders für Mütter von Babys, kleinen Kindern und spät heimkehrenden Teenagern und für Nachtschichtarbeiterinnen, z. B. Krankenschwestern, stellt dies neben den natürlichen hormonellen Alterserscheinungen, die eine Gewichtszunahme begünstigen, ein Problem dar. Das Wachhalten bedingt anhaltend hohe Stresshormone (Adrenalin, Noradrenalin und Cortisol), die sich im ausreichend langen Schlaf ihrem Tiefpunkt nähern könnten. Es zirkulieren permanent höhere Zucker- und Fettsäurespiegel im Kreislauf. Verantwortlich für dieses Phänomen ist ein erhöhter Spiegel des Hormons Orexin, und das macht Hunger. Tatsächlich haben Menschen mit ausreichend Schlaf weniger Figurprobleme.

Ab heute:
besser leben

Gerade Frauen neigen dazu, den eigenen Körper als Großbaustelle zu betrachten: die Nase zu groß, die Wangenknochen zu breit und überhaupt: Zellulitis, sprödes Haar oder zu glattes, zu lockiges, zu feines …, die Hüften zu ausladend, der Bauch zu dick, die Oberschenkel zu schwabbelig, der Po nicht knackig genug oder zu breit. Es gibt so viele körperliche Makel, die Frauen und ihrem Selbstwertgefühl massiv zu schaffen machen. Was ihren Körper anbelangt ist Frau trotz Emanzipation, guter Ausbildung und tollem Job immer noch sehr verunsichert: Mit dieser Haltung schwächt sie allerdings nicht nur ihr Selbstwertgefühl, sie schadet auch ihrer Ausstrahlung und Energie. Von klein auf sind Frauen darauf programmiert, dass ihr Körper nicht perfekt ist, spätestens ab der Pubertät ständigen Wandlungen unterworfen ist und somit zur Dauerproblemzone wird. Sie müssen hungern, trainieren und sich verkleiden, damit sie immer besser und schöner werden. Selbst schlanke Frauen fühlen sich oft in ihrer Haut nicht wohl. Ein Wahnsinn, wenn man überlegt, wie viel Lebenszeit und vor allem Kraft dafür verschwendet werden. Doch wie lässt sich ein Ausweg aus dem Dilemma finden, dass Frau sich einerseits wohl mit sich fühlt, andererseits auch objektiv das

Beste für sich tut, ohne sich dabei völlig zu verausgaben und in Äußerlichkeiten aufzugehen? Forscher an der Ohio State University unter der Leitung von Tracy Tylka stellten in einer Studie fest, dass es für Frauen weniger der eigene Blick auf den Körper ist, der ihr Selbstbild bestimmt, als die Reaktion ihrer Umwelt auf sie. Hier spielen nahestehende Menschen wie Familie und Partner die größte Rolle. Frauen, die sozial gut eingebettet sind, legen in der Regel ein gesünderes Essverhalten an den Tag und haben eine ausgeglichenere Einstellung sich selbst gegenüber. Andererseits sind Frauen generell sehr gut in der Lage, auf ihre innere Stimme zu hören, was ihrem Körper gut tut und was nicht. In diesen Fällen richtet sich der Fokus weniger auf das eigene Aussehen und das Gewicht, sondern auf die Gesundheit des Körpers. In der Folge steigt die Wertschätzung für sich selbst an. Je höher diese liegt, desto besser ist auch das Bewusstsein für das eigene Hunger- und Sättigungsgefühl. (Quelle: Journal of Counseling Psychology 2006)

Wie Sie zu einem entspannteren Körpergefühl kommen können, auch bei Stress und wenig Zeit für sich selbst, zeigen wir Ihnen auf den nächsten Seiten. Machen Sie die Schlank-im-Schlaf-Trennkost in Kombination mit einer entspannten Nachtruhe und Achtsamkeits-Einheiten zwischendurch zu Ihrem »weiblichen« Wohlfühlprogramm: Gewichtsabnahme und mehr Gesundheit inbegriffen. Das Ganze ohne Mühe, Quälerei und Kalorienzählen, sondern genussreich und wohltuend. Nichts ist attraktiver als eine Frau, die sich in ihrem Körper wohlfühlt.

Leichter bewegen

Wenn Bewegung und Sport gesund sein sollen, ist Spaß ein wichtiger Erfolgsfaktor, um dran zu bleiben. Körperliche Aktivität verbraucht Energie, lenkt von unkontrolliertem Essen ab, schafft Selbstbewusstsein und Zufriedenheit. Jeder Mensch bewegt sich viel und gern, wenn die Art der Bewegung besonderen Spaß macht, das eigene Tun Erfolg hat und einen Sinn ergibt. Zu den beliebtesten Frauensportarten zählen neben Nordic Walking und (für Trainiertere) Jogging als Ausdauertraining (z. B. für die Gestagen- oder Testosteronfrau), Pilates oder Krafttraining im Fitnessstudio für die Östrogenfrau. Letzteres macht auch der Testosteronfrau Spaß und ist für Frauen ab 50 absolut empfehlenswert, um die Muskelmasse zu erhalten. In dem Buch »Die Hormonformel« finden Sie Yoga- und Krafttrainingsprogramme für jeden Hormontyp sowie ein einfaches Ausdauerprogramm.

INFO

Tipps für Sporteinsteigerinnen und Wieder-Einsteigerinnen

Wenn Sie jahrelang Pause mit dem Sport oder noch nie Sport gemacht haben, sollten Sie sich vor dem Einstieg ärztlich durchchecken lassen. Risikofaktoren sind Übergewicht, Bluthochdruck, Diabetes oder auch Haltungsschäden. Yoga ist ideal, um an Beweglichkeit, Kraft und Vitalität zu gewinnen. Wenn Sie zusätzlich jeden Tag so viel wie möglich zu Fuß unterwegs sind oder sogar noch einen täglichen Spaziergang einplanen, produziert Ihr Körper nachts noch mehr Wachstumshormon. Ideal sind Belastungen von 20 bis 40 Minuten und das drei- bis viermal pro Woche. Und: Setzen Sie sich kleine, machbare Ziele.

Tiefer entspannen

Achtsamkeit lautet das Zauberwort, das innere Gelassenheit und einen besseren Umgang mit dem unausweichlichen Alltagsstress verspricht. Neben regelmäßiger Bewegung und einer dem Stoffwechsel angepassten Ernährungsweise sind Entspannungseinheiten und ausreichend Schlaf die Säulen, um sein körperlich-seelisches Gleichgewicht zu erhalten. Außerdem können Sie so aktiv die Folgen hormonellen Rückgangs bremsen, wie er bei jeder Frau ab Mitte 30 der Fall ist. Wenn Sie sich zwei- bis dreimal pro Woche Auszeiten nehmen, etwa mit dem Body-Scan oder einer Meditation, schaffen Sie Oasen innerer Ruhe und kommen auch in den Genuss einer Extra-Portion des Wohlfühlhormons Serotonin. Das zeigte eine Studie an der Princeton University im Jahr 2006.

Der Body-Scan nach Jon Kabat-Zinn

Der Body-Scan gehört zu den sogenannten Top-Down-Verfahren der Körpertechniken (von oben nach unten, also vom Gehirn bis zu den Muskeln). Dabei wird über die Gedanken eine Entspannungsreaktion ausgelöst, indem sie auf das vegetative Nervensystem, das alle Organfunktionen steuert, sowie auf die Bewegungsmuskulatur wirken.

Bei dem von dem Molekularbiologen Jon Kabat-Zinn entwickelten Entspannungsverfahren tasten Sie liegend in Gedanken den Körper ab. Sie spüren dabei Körpervorgängen, -signalen und Verspannungen nach und wenden sich dadurch Ihrem Selbst zu.

1 Legen Sie sich bequem auf Ihre Unterlage. Die Beine sind leicht hüftbreit gespreizt, die Füße kippen nach außen. Die Arme liegen seitlich am Körper, die Hände sind entspannt, und die Handflächen zeigen nach oben.

2 Atmen Sie tief in den Bauch hinein und atmen Sie tief wieder aus. Lassen Sie den Atem wieder kommen, ohne dies zu forcieren. Spüren Sie, wie sich mit jedem Atemzug die Bauchdecke leicht hebt und senkt. Lassen Sie sich Zeit.

3 Lenken Sie nun Ihre Aufmerksamkeit in Ihren linken Fuß. Stellen Sie sich vor, dass Sie bis in die Zehen »hineinatmen«. Spüren Sie den großen Zeh, den kleinen, die Zehen dazwischen. Stellen Sie sich vor, dass Sie mit dem Ausatmen alle Gefühle und Spannungen loslassen.

4 Auf diese Weise lenken Sie Ihre Aufmerksamkeit der Reihe nach auf Ihre Fußsohle, Ihren Fußrücken, Ihr Sprunggelenk, Ihren Unterschenkel, Ihr Knie, Ihren Oberschenkel und die Leistengegend.

5 Tasten Sie so im Geiste Ihren ganzen Körper ab: vom rechten Fuß bis zur Leiste, über den Unterleib, das Gesäß und das Becken, die Wirbelsäule hinauf bis zur Schulter. Von den Fingern der linken Hand bis zur Schulter und den Fingern der rechten Hand bis zur Schulter, dann über Nacken, Hals, Gesicht und Kopf bis zum Scheitelpunkt. Atmen Sie währenddessen ruhig und in Ihrem Rhythmus.

6 Am Ende der Übung, die etwa 30 Minuten dauert, spüren Sie noch Ihrer Atmung nach, öffnen die Augen, recken und strecken sich und kommen wieder an im Hier und Jetzt.

Meditation

Am besten Sie stellen sich einen Wecker, um zu üben, einen bestimmten Zeitabschnitt ganz bei sich zu bleiben. Je öfter Sie üben, desto mehr verinnerlichen Sie diese Phasen. Stellen Sie Ihren Wecker anfangs auf 10 Minuten. Sie können die Zeiten dann nach Belieben weiter ausdehnen.

1 Es gibt sehr viele Meditationsstellungen. Die einfachste ist die im Liegen. Dabei legen Sie sich auf den Rücken, achten darauf, dass sich weder Arme noch Beine kreuzen und las-

sen den Körper zum Entspannen einfach auf Ihre Unterlage »fallen« und lassen los.

2 Sammeln Sie sich und achten Sie nur auf das Auf und Ab Ihres Unterbauchs. Atmen Sie ohne Zwang durch die Nase ein und wieder aus. Der Mund bleibt geschlossen. Der Atem soll von selbst fließen. Beobachten Sie Ihren Atem, ohne ihn zu beeinflussen.

3 Lassen Sie Ihre Gedanken fließen. Halten Sie keinen davon fest. Alle Gedanken kommen und gehen. Zu Beginn werden Sie kaum erleben, dass sich Stille im Kopf einstellt. Dies kommt nach längerer Übung von selbst. Eine gute Hilfe, um die Gedanken nicht festzuhalten ist die Konzentration auf einen Punkt im Körper, zum Beispiel dorthin, wo Sie Ihre Atmung spüren.

4 Zur Auflösung der Meditation öffnen Sie Ihre Augen und bleiben noch einen Augenblick liegen. Atmen Sie dreimal tief ein und aus. Dann setzen Sie sich langsam hin, strecken und dehnen alle Glieder und stehen auf.

Gut schlafen

Schlaf ist ein Vitalbedürfnis und genauso wichtig wie Bewegung und eine stoffwechselgerechte Ernährung. Schlafforscher wissen, dass 90 Prozent unserer Gesundheit vom Schlaf abhängig sind. Im Tiefschlaf finden Regenerationsprozesse statt. Das Gehirn sortiert sich und kommt zur Ruhe. Bei einer insulinsensiblen Ernährungsweise nehmen Sie im Schlaf schneller ab. Denn wenn Sie ausreichend schlafen, sind alle Botenstoffe im Lot.

- Die Schlank-im-Schlaf-Trennkost ist ein wichtiger Schlüssel zu erholsamem Schlaf. Wenn Sie Kohlenhydrate, Fett und Eiweiß tageszeitengerecht zusammenstellen, sind Sie tagsüber fit und können nachts gut schlafen.
- Machen Sie öfter einen Spaziergang. Unter Einwirkung von hellem Tageslicht wird das Wohlfühlhormon Serotonin gebildet. Dieses wird bei zunehmender Dunkelheit in das Einschlafhormon Melatonin umgewandelt.
- Bewegen Sie sich tagsüber viel. Beginnen Sie den Tag mit einer Yoga-Einheit, seien Sie körperlich aktiv und sorgen Sie auch für Entspannungseinheiten zwischendurch.
- Genießen Sie Ihr Abendessen am besten zwischen 17 und 20 Uhr. So gönnen Sie Ihrem Körper eine extra lange Insulinpause und es wird mehr Wachstumshormon ausgeschüttet als bei einer späteren Mahlzeit.
- Nehmen Sie sich eine Auszeit vom Tagesstress. Gehen Sie ab einer selbst gesetzten Uhrzeit nicht mehr ans Telefon und lassen Sie am besten den Fernseher aus. Genießen Sie stattdessen entspannungsfördernde Schlafrituale: ein warmes Bad, einen Schlaftee, entspannende Musik, eine Meditation …
- Ihr Schlafzimmer sollte der ruhigste Raum der Wohnung/des Hauses sein. Für eine behagliche Nachtruhe sollte Ihr Bett bequem und groß genug sein, die Matratze und Bettwäsche von guter Qualität und aus natürlichen Materialien. Lüften Sie Ihr Schlafzimmer vor dem Schlafengehen. Schlafmediziner empfehlen eine Raumtemperatur zwischen 16 und 23 Grad Celsius. Achten Sie darauf, dass das Schlafzimmer gut abgedunkelt ist.
- Wer tagsüber viel leistet, braucht auch viel Schlaf. Ideal sind sieben bis acht Stunden.

Lecker essen
mit Schlank im Schlaf

Richtig gut(es) Essen macht glücklich, gute Laune, andere Menschen mindestens ebenso froh wie einen selbst (wenn sie mitessen dürfen) und ist als Anti-Stress-Mittel ebenso wirkungsvoll wie als sinnenfrohe Wohlfühleinheit. Das Schöne daran: Man kann sich das jeden Tag gönnen und wenn man möchte, sogar mehrmals.

Allein das Einkaufen guter Produkte macht Freude, ein Gespräch mit dem Metzger über glückliche Schweine und Hühner, mit dem Gemüsehändler auf dem Markt über seine saisonalen Angebote oder beim Bäcker über Lieblingsbrötchen zum Frühstück. Danach in der Küche schnibbeln, rühren, kochen, probieren und beim Würzen mit den Aromen spielen. Das ist nicht nur Entschleunigung pur, sondern macht allein, mit Freundinnen, dem Liebsten und den Kindern Spaß. Wie gut das funktioniert – und aufgrund der besonderen Nährstoffkombinationen zu den unterschiedlichen Tagesmahlzeiten auch noch schlank macht – haben wir bereits in den vorangegangen Kochbüchern dieser Reihe zeigen können. Diese waren auf die besonderen Bedürfnisse von Berufstätigen und Liebhabern einer schnellen, frischen 20-Minuten-Küche sowie vegetarischer Gerichte abgestimmt.

Unbeschreiblich weiblich

Kochen und Essen nach den neuen, weiblichen Schlank-im-Schlaf-Rezepten ist ganz auf die geschmacklichen und ästhetischen Bedürfnisse unserer Leserinnen abgestimmt: Die Rezepte ab Seite 42 sind Ausdruck von Lebenskunst, Probierfreude, Raffinesse und Kreativität – ohne dass man sich beim Zubereiten zu sehr verkünsteln muss. Typisch weiblich eben.

Es macht einfach einen großen Unterschied, ob man verbissen Fett spart und traurig Mahlzeiten ausfallen lässt oder ob man etwas schmeckt, was einen glücklich macht. Das kann eine Scheibe frisches Holzofenbrot mit Butter und Schnittlauch zum Frühstück sein oder thailändisches Fingerfood für mittags im Büro oder eine frische Forelle mit saisonalem Gemüse zum Abendessen. Jeder Bissen bietet hier eine andere Geschmacksüberraschung. Denn Frauen sind spielerisch beim Kochen und Würzen und verwenden auch gerne aromatische und exotische Zutaten, vor allem, wenn diese noch besonders gut tun.

Ab Seite 28 haben wir Ihnen deshalb die besten Lebensmittel für Frauen zusammengestellt. Im Rezeptteil finden Sie eine große Auswahl an Gerichten, wie Sie mit diesen Zutaten kulinarisch zaubern können. Denn Essen ist nicht dazu da, uns dick zu machen. Es wärmt Körper und Seele und kann sogar überflüssige Pfunde einschmelzen.

Nehmen Sie sich Zeit ...

... Zeit zum Einkaufen und Zeit zum Essen. Das macht viel mehr Spaß, als abgehetzt durch einen Supermarkt zu stürzen und sich anschließend vor dem Fernseher einfach irgendetwas Essbares einzuverleiben. Hier fängt es mit dem »Glücksfaktor Essen« an: wenn Sie den Tisch schön decken, sich gemütlich zum Essen hinsetzen und sich dafür Zeit nehmen.

INFO

Der Trick: Die Fettverbrennung erleichtern

Es ist gleich, ob Sie sogenannte gute Kohlenhydrate aus Gemüse, Obst oder Vollwertprodukten verzehren oder Weißbrot, süße Teilchen oder Schokolade essen. Zum Transport des Zuckers aus der Nahrung in die Zellen wird genau dieselbe Menge Insulin benötigt. Zugleich sorgt das Hormon dafür, dass die Fettverbrennung blockiert wird. Das geschieht nur je nach Beschaffenheit der Kohlenhydrate langsamer (beispielsweise beim Verzehr von Vollkornprodukten) oder schneller (beispielsweise beim Verzehr von Weißmehlprodukten oder Süßigkeiten). Das heißt mit jeder kohlenhydratreichen Mahlzeit steht die Fettverbrennung auf Null! Deshalb gibt es bei Schlank-im-Schlaf nur tagsüber, wenn Sie aktiv sind und Leistung bringen müssen, Kohlenhydrate jeweils zum Frühstück und zum Mittagessen. Dazwischen hält man Pausen ein, damit sich das Insulin wieder auf ein Normalmaß einpendelt und so eine Verbrennung von Fett zulässt. Abends werden Kohlenhydrate dann komplett gestrichen, damit der Körper während der nächtlichen Schlaf- und Fastenphase durch die Reserven in seinen Fettdepots versorgt wird. Das ist mit einem leckeren Abendessen nach Schlank-im-Schlaf-Kriterien mit reichlich sättigendem Eiweiß und frischen und raffiniert gewürzten Gemüsebeilagen überhaupt kein Problem, sondern ein wahrer Genuss (Rezepte ab Seite 90).

Sich Zeit für das »Drumherum« zu nehmen, bedeutet ja auch, dass Sie sich für sich selbst Zeit nehmen. Seien Sie sich das Erlebnis, Essen einkaufen und für sich zuzubereiten einfach wert! Das ist der erste Schritt zu mehr Achtsamkeit und auch zu einem sicheren Abnehmerfolg.

Wie SiS funktioniert

Die Ernährungsweise nach dem Schlank-im-Schlaf-Prinzip ist supereinfach, und Sie können sofort damit loslegen. Ziel ist die Balance des Stoffwechsels und des Hormonhaushalts, um so die Fettverbrennung anzuregen. Hierbei spielt auch der Tagesrhythmus des Stoffwechsels eine wichtige Rolle. Denn nicht nur Blutdruck, Pulsfrequenz oder die Körpertemperatur unterliegen einem bestimmten Takt. Auch die Produktion der unterschiedlichen Hormone geschieht zu ganz bestimmten Zeiten. Dieser Rhythmus steckt in unseren Genen. Unter Berücksichtigung dieses Stoffwechseltakts wurden alle Schlank-im-Schlaf-Empfehlungen entwickelt.

Drei Mahlzeiten pro Tag

Zu jeder Tageszeit benötigt der Körper die Basisnährstoffe Kohlenhydrate, Fette und Eiweiß in unterschiedlichen Konzentrationen, teils auch überhaupt nicht. So braucht der Körper **nach der nächtlichen Fastenphase** Kohlenhydrate, denn unser Gehirn ist auf eine ausreichende Versorgung mit Glukose angewiesen. Die gewinnt es aus Zucker, der als Stärke in Getreideprodukten steckt (Brot und Brötchen, Müsli und Obst).

Tierisches Eiweiß aus Eiern, Milch und Milchprodukten ist **morgens** nicht empfehlenswert, da diese Produkte jetzt die Bauchspeicheldrüse stressen. Nach einem guten Frühstück sind Sie fit für den Tag!

Mittags gibt es eine große Portion Kohlenhydrate in Form von Nudeln, Reis, Kartoffeln oder Brot in Kombination mit Gemüse und/oder Eiweiß. Ideal zum Mitnehmen fürs Büro sind Sandwiches oder Salate. Wer mag, isst jetzt auch ein süßes Dessert.

Abends gibt es nur Eiweiß aus Fleisch, Fisch, Geflügel, Eiern oder Milchprodukten, Tofu,

So berechnen Sie Ihren individuellen Kohlenhydratbedarf

Stellen Sie bitte zunächst Ihren BMI fest. Die Formel finden Sie auf Seite 11.

Frauen mit einem BMI unter 25 = 75 g Kohlenhydrate jeweils für Frühstück und Mittagessen.
Frauen mit einem BMI über 25 = 100 g Kohlenhydrate jeweils für Frühstück und Mittagessen.

Das ist gegenüber früheren SiS-Büchern erhöht worden zur Sicherung des Wärmebedarfs bei BMI 25–30.

Zwei Beispiele:

$$\frac{70\ \text{kg}}{1{,}70\ \text{m} \times 1{,}70\ \text{m}} = 24{,}22\ \text{BMI}$$

entspricht je 75 g KH morgens und mittags

$$\frac{87\ \text{kg}}{1{,}70\ \text{m} \times 1{,}70\ \text{m}} = 30{,}10\ \text{BMI}$$

entspricht je 100 g KH morgens und mittags

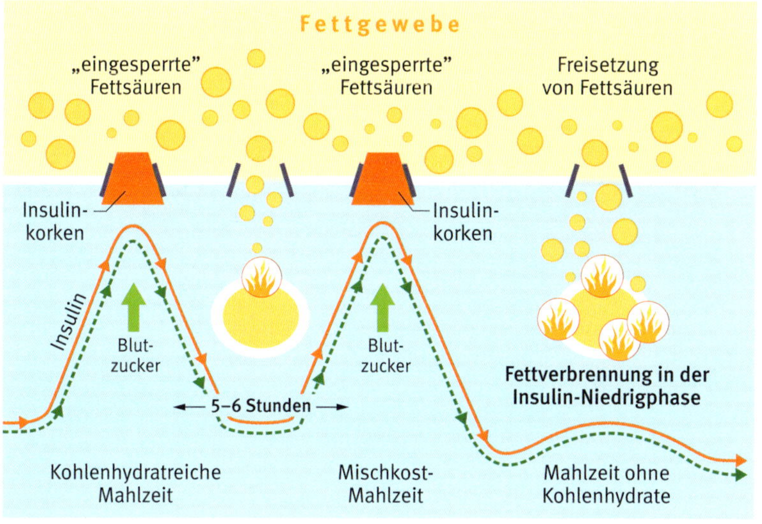

Durch ausreichend lange Essenspausen von 5–6 Stunden und kohlenhydratfreie Abendmahlzeiten erreicht man, dass das Insulin die Fettsäuren »entkorkt« und zur Energieumwandlung in der Zelle freisetzt.

Seitan oder Eiweißbrot. Alles mit frischem Gemüse oder Salat. Ein dank Stevia zuckerfreies Dessert ist jetzt der neueste Clou und stillt Gelüste auf »Zuckriges und Sahniges«. Kohlenhydrate sind tabu, da sie die Fettdepots versperren. Die Eiweißstoffe aus dem Abendessen hingegen liefern für Zellreparaturen und -neuaufbau in der Nacht Baumaterial. Für die dazu notwendige Energie mobilisiert das im Nachtschlaf produzierte Wachstumshormon (HGH) verstärkt die Fettreserven. Sie nehmen ab.

Keine Zwischenmahlzeiten

Halten Sie Insulinpausen zwischen den Mahlzeiten von etwa 5 Stunden ein, damit der Insulinspiegel nach dem Essen so weit abflacht, dass ein normales Hungergefühl entsteht. Dieser Mahlzeitentakt entspricht dem menschlichen Biorhythmus.
Bei eventuellen Heißhungerattacken hilft ein eiweißreicher, kalorienarmer, aber sättigender Notfallvorrat (siehe Seite 53). Wichtig: Trinken Sie reichlich kalorienfreie Getränke (Wasser, Tees, Kaffee), das hält länger satt.

Basisernährungswissen auf einen Blick

Jeden Tag braucht Ihr Körper bestimmte Nährstoffe in unterschiedlichen Kombinationen. Greifen Sie beim Einkaufen zu frischen, saisonalen und regionalen Zutaten. Am besten schmecken saisonal geerntetes Obst und Gemüse, frisches Brot (Bestelladresse für Eiweißbrotmischungen auf Seite 141), Bio-Eier, Fleisch und Geflügel aus artgerechter Haltung sowie Fisch aus Bio-Aufzucht oder mit zertifizierten Methoden gefangen. Kombinieren Sie diese Produkte mit Pflanzenölen und Essigen, frischen Kräutern und Gewürzen.

Kohlenhydrate

Um tagsüber leistungsfähig zu sein, sind Kohlenhydrate morgens die optimalen Energiespender. Unser Gehirn ist auf eine ausreichende Zuckerversorgung angewiesen. Traubenzucker (Glukose) aus Früchten und mild schmeckendem Gemüse liefert schnell Energie. Kohlenhydrate aus Vollkorngetreide, Hülsenfrüchten und Kartoffeln machen lange satt, liefern Stärke und Ballaststoffe.

Fette

Bestimmte Fette oder Öle sollten regelmäßig in Ihren Mahlzeiten enthalten sein, denn sie erfüllen Sonderfunktionen im Körper. Fette sind Bauteile für Zellstrukturen und Hormone und liefern fettlösliche Vitamine. Sie sind auch für die Blutzuckerregulation wichtig. Verzehrt jemand Kohlenhydrate zusammen mit Fetten und Ölen, z. B. ein Stück Ciabattabrot mit Olivenöl, steigt der Glukosewert im Blut deutlich langsamer an als bei einer reinen Kohlenhydratmahlzeit. Gesundheitlich wertvoll sind Fettsäuren aus Oliven-, Erdnuss- und Rapsöl. Ebenso wichtig sind die Omega-3- und Omega-6-Fettsäuren aus Meeresfisch und Sonnenblumen-, Lein- oder Sojaöl. Insgesamt sollten es 60 bis 90 Gramm Fett pro Tag sein.

Eiweiß

Einer der wichtigsten Baustoffe für Zellen, für Muskulatur, Knochen, Gewebe, für Hormone und auch unser Blut ist Eiweiß bzw. sind seine Bausteine: Aminosäuren. Bei einer normal aktiven erwachsenen Frau sollten täglich 15 bis 20 Prozent der Mahlzeiten aus proteinhaltigen Nahrungsmitteln bestehen, also aus Milch und Milchprodukten, Fleisch, Geflügel, Eiern oder Fisch oder aus Hülsenfrüchten, Nüssen und Soja, die gute Lieferanten von pflanzlichem Eiweiß sind.

Eiweiß ist ein hochwertiger Energielieferant, es bringt die Energie aber nicht so schnell an Ort und Stelle im Körper wie der Zucker aus Kohlenhydraten. Bis Nahrungseiweiß in Aminosäuren zerlegt wird, durch den Dünndarm in die Blutbahn und von hier aus in die Körperzellen geschleust wird, um dort wieder neu zu Körpereiweißen zusammengesetzt zu werden, braucht es viel Zeit. Das merken Sie daran, dass Sie nach eiweißreichen Mahlzeiten lange satt bleiben und nicht so schnell hungrig werden, weil die Insulinreaktion bei Eiweiß am niedrigsten ist.

Insulin-Score verschiedener Lebensmittel je 250 kcal*

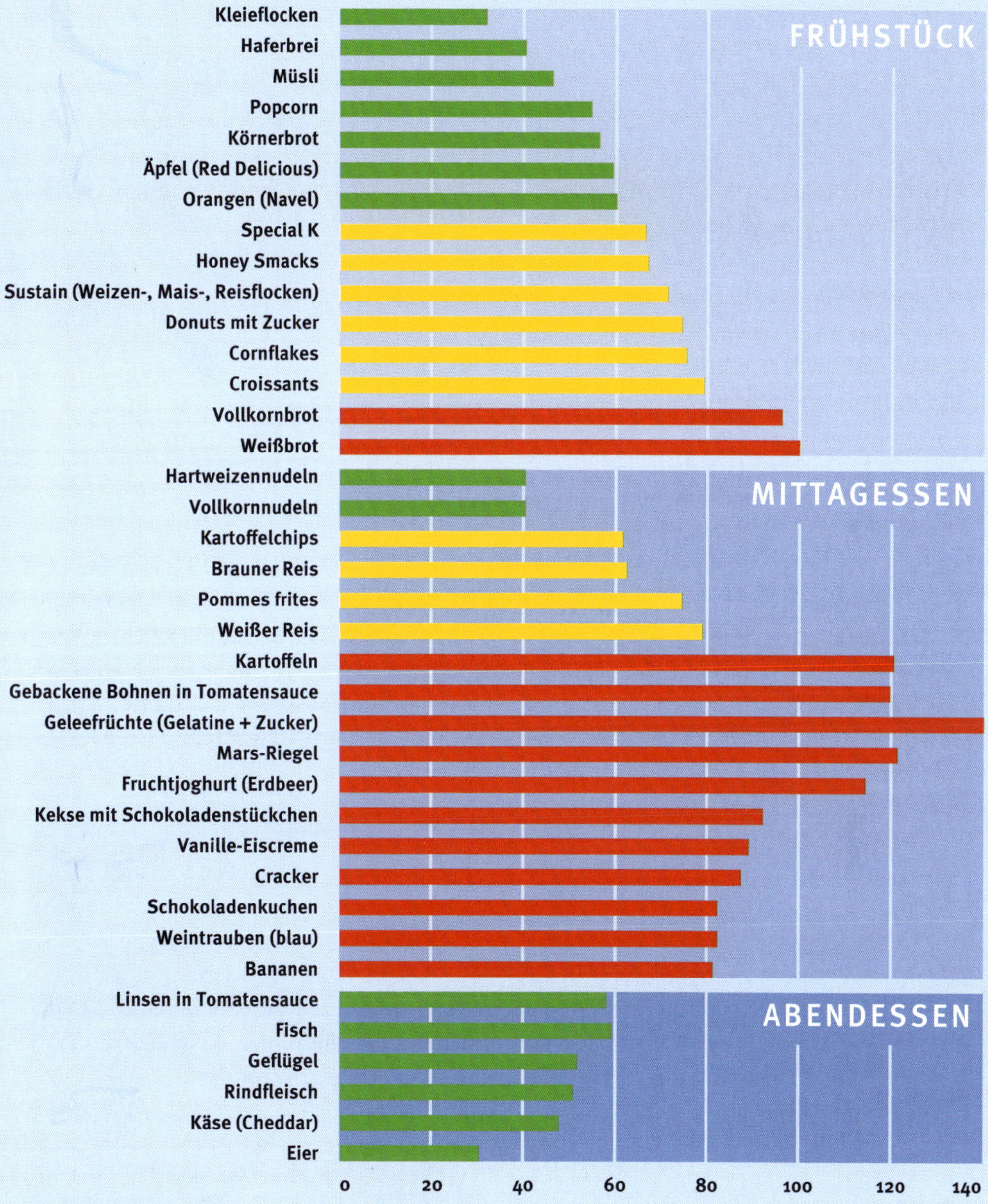

*Referenzwert: Weißbrot 100 %

Ideal für morgens und abends sind die Lebensmittel, die die niedrigsten Insulinreaktionen hervorrufen (grün, gelb). Die für morgens empfohlenen großen Brotmengen sind trotz der Insulinreaktion (rot) sinnvoll, um die leeren Zuckerspeicher zu füllen. Die Verwendung von Streichfett wiederum bremst das Insulin.

Die besten Lebensmittel für Frauen

Finden Sie hier eine Auswahl der besten Zutaten, die Ihre Küche noch geschmackvoller und ganz nebenbei auch noch schlank machen oder wertvolle Wirkungen auf die Frauengesundheit entfalten:

Anis – Süßlich-herb schmecken die Samenkörner der Pimpinelle, die heute im mediterranen Raum angebaut wird. Anethol, das sinnlich-würzig duftende ätherische Öl ist auch in Sternanis und Fenchel enthalten. Anis, dem eine verdauungsanregende Wirkung nachgesagt wird, schmeckt fein in süßen Gerichten, Keksen, aber auch Fisch- und Fleischgerichten.

Algen – sind eine Basiszutat der japanischen Küche. Sie enthalten reichlich Vitamin C und B-Vitamine, darüber hinaus sättigende Ballaststoffe und das Spurenelement Jod. Diese kurbeln den Stoffwechsel an und steigern die Leistungsfähigkeit. Insbesondere die Afa-Alge (Spirulina) enthält nennenswerte Mengen an Vitamin B_{12}.

Chilischoten – Um ein einfaches Pfannengericht in eine feurige Angelegenheit zu verwandeln, reicht oft schon eine kleine Schote. Das darin enthaltene Capsicain macht warm und sorgt so für einen höheren Energieverbrauch. Je länger Sie sie mitgaren lassen, desto mehr Schärfe gibt sie ab. Chilis sind typisch für lateinamerikanische, afrikanische und asiatische Küche.

Cumin/Kreuzkümmel – Die hellbraunen getrockneten Samen ähneln Kümmelsamen, schmecken aber ganz anders. Cumin hat ein aromatisch-würziges, leicht bitter-scharfes Aroma. Das darf nicht fehlen in Garam Masala, Chutneys und nordindischen Gerichten.

Curry – Die Gewürzmischung aus Chili, Kardamom, Koriandersamen, Kurkuma, Pfeffer, Ingwer, Kreuzkümmel, Muskat, Zimt, Bockshornkleesaat, Piment und Gewürznelken ist ein Klassiker der indischen, thailändischen und vietnamesischen Küche. Es gibt ihn als Pulver oder Paste in verschiedenen Geschmacksnuancen von süßlich-mild bis feurig-scharf. Curry passt gut zu Lamm- und Kalbfleisch, Fisch- und Reisgerichten.

Eier – In Eigelb steckt reichlich Methionin. Diese Aminosäure ist für die Produktion des Stresshormons Adrenalin notwendig, das den Fettabbau anregt. Außerdem wird Methionin für viele Stoffwechselprozesse benötigt und trägt unter anderem zur Bildung von Carnitin, Cholin, Kreatin, Melatonin und Nukleinsäuren bei.

Fisch – Meeresfisch ist reich an dem Spurenelement Jod, dem Bestandteil der Schilddrüsenhormone, die die Wärmeproduktion und den Stoffwechsel anregen (siehe auch Seite 17). Es kommt in Fisch, aber auch Algen und anderen Meeresprodukten vor. Außerdem finden sich in Lachs, Makrele, Hering oder Thunfisch wertvolle Omega-3-Fettsäuren. Diese helfen, den LDL-Cholesterinspiegel und die Blutfettwerte zu senken und beeinflussen auch das Hungergefühl positiv. Außerdem schleusen sie zusammen mit mittel-

kettigen Triglyzeriden (MCT) Fettsäuren aus den Depots, um in den Leberzellen verbrannt zu werden. MCTs stecken beispielsweise in Kokosöl. Tipp: Wenn Sie Ihren Abnehmerfolg beschleunigen möchten, sollten Sie mehr Fisch und weniger Fleisch essen.

Gewürznelken – Das warm-duftige und feurig-brennend schmeckende Eugenol macht einen Großteil des ätherischen Gewürznelkenöls aus. Das herbe Gewürz schmeckt in Fleischgerichten, Eintopf- oder Schmorgerichten, Marinaden und eingelegtem Gemüse sowie in Rotkohl und zur Weihnachtszeit in Glühwein und Gebäck.

Haferkleie – Mit 40 bis 100 Gramm Haferkleie pro Tag (z. B. zum Frühstück) können Sie effektiv das schädliche LDL-Cholesterin senken. 25 Gramm Haferkleie entsprechen dabei zwei Esslöffeln. Zudem enthält die Kleie reichlich Ballaststoffe, die zum einen sättigen, zum anderen verdauungsanregend wirken sowie reich an Vitamin B_1, B_2, Vitamin E, Magnesium, Eisen, Kalium und Zink sind.

Harzer Käse ist mit gerade einmal 0,5 Prozent Fett der fettärmste Käse überhaupt. Das darin enthaltene Kalzium macht starke Knochen und aktiviert Enzyme, die den Fettabbau ankurbeln.

Ingwer – Die Wurzel einer tropischen Staude duftet mild und schmeckt feurig-scharf. Ingwer wirkt schmerzlindernd, entzündungshemmend und gegen Übelkeit. Hervorragend passt er zu asiatischen Gerichten und Currys. Tipp: Ein paar Scheiben frischen Ingwer mit kaltem Wasser übergießen und ziehen lassen. Eine Erfrischung mit stoffwechselanregender Wirkung.

Johannisbeeren – In 100 Gramm der säuerlich-frisch schmeckenden Sommerbeeren stecken 36 Milligramm Vitamin C – bei nur 42 Kalorien. Mit Hilfe von Vitamin C (Ascorbinsäure) wird das für die Fettverbrennung wichtige Hormon Noradrenalin hergestellt. Dieser Botenstoff, der auch unter Stress vermehrt hergestellt wird, hilft dabei, das Fett aus dem Speicherfett herauszulösen. Außerdem ist Vitamin C wichtig für die Collagenherstellung und sorgt somit für ein straffes Körpergewebe. Daneben steuert es zusammen mit den Vitaminen B_6 und Niacin die Herstellung von L-Carnitin, das die Muskeln für die Fettverbrennung benötigen. Zudem enthalten Johannisbeeren reichlich Magnesium.

Kaffee – Das in Kaffee enthaltene Koffein regt die Fettverbrennung an, indem es die Wärmeproduktion und den Blutdruck stimuliert. Tipp: Trinken Sie nach dem Essen einen Kaffee oder Espresso!

Kurkuma schenkt dem Currypulver seine intensiv gelbe Farbe. Das Gewürz schmeckt dezent pfeffrig-fruchtig im Aroma, mit leicht herber Note. In der indischen Küche setzt man es für Marinaden, Bohnen- und Linsengerichte ein. In der chinesischen und indischen Medizin gilt Kurkuma als Heilmittel mit entzündungshemmender Wirkung.

Kardamom stammt ebenfalls aus der Ingwerfamilie. Er schmeckt süßlich-scharf und verfeinert viele Gerichte in der indischen Küche und auch Chai, den indischen Gewürztee. Kardamom wirkt magenberuhigend und verdauungsfördernd.

Kräuter – Für die frische Küche sind sie ein absolutes Muss! Das klassische Trio ist Petersilie, Dill und Schnittlauch, sehr gefragt sind auch immer mediterrane Kräuter wie Basilikum, Rosmarin oder Thymian, und zunehmend beliebt werden asiatische Aromen wie Koriander, Kaffirlimettenblätter oder Sweet Basil. Dazu gesellen sich fast vergessene heimische (Un-)Kräuter wie Brunnenkresse, Giersch, Gelbsenf oder Wilde Rauke, die der zeit eine Renaissance erleben. Früher wurden die meisten Kräuter vor allem wegen ihrer heilenden Wirkung geschätzt, und tatsächlich können viele dieser Pflanzen größere oder kleinere Malaisen lindern. So sollen die ätherischen Öle, Gerb- und Bitterstoffe im Rosmarin kreislaufanregend wirken. Petersilie wirkt belebend und entwässernd, Basilikum krampflösend und antibakteriell, Dill appetitanregend und verdauungsfördernd. Nutzen Sie das sommerliche Angebot. Viele Kräuter lassen sich gut trocknen oder einfrieren, aber frisch schmecken sie einfach besser. Je zarter das Kraut, desto weniger sollten sie es erhitzen und die Kräuter erst zum Schluss dazugeben. Rosmarin, Thymian und Salbei können ohne Aromenverluste mitgekocht werden.

Koriander ist eng mit Kümmel, Fenchel und Dill verwandt und erinnert vom Aussehen ein wenig an Blattpetersilie. Das Aroma der Blätter ist zitrusartig. Koriandersamen verwendet man im Ganzen oder gemahlen, sie passen mit ihrem mildsüßlichen bis würzig-harzigen Aroma sowohl zu pikanten als auch süßen Gerichten. Häufig werden sie in Brotteig, Kleingebäck, Kohlgerichten, Hülsenfrüchten und Kürbis verwendet, in salzigen Speisen wie Fleisch, Wurst, Sauce und Gemüse, aber auch in Kompott.

Kümmel duftet leicht süßlich und schmeckt herb, was ihn zu einem großartigen Begleiter zu deftigen Speisen macht. Kümmel schmeckt auch auf Käse, etwa Kochkäse oder Harzer Roller, und ist ein beliebtes Brotgewürz.

Leinöl – Das tiefgelbe dickliche Öl mit dem nussigen, leicht bitteren Aroma ist reich an Omega-3-Fettsäuren und Linolsäure. Diese sorgt für eine gesunde und stabile Darmschleimhaut. Das ist eine Voraussetzung dafür, dass in der Leber mehr Fett in Energie umgewandelt wird.

Lammfleisch – Das darin enthaltene L-Carnitin kurbelt den Fettstoffwechsel an. Es sorgt für den Transport von Fett aus den Depots und hilft so bei der Fettverbrennung mit. Insbesondere Muskelzellen benötigen Carnitin zur Energieversorgung.

Muskatnuss – Das Aroma dieses Beerensamens (keine Nuss) ist intensiv, würzig und feurig-süß. Muskat passt zu Blumenkohl, Kohlrabi, Spinat und Kartoffelbrei ebenso wie zu pikantem Gebäck. Auch Suppen, Reis, Pasta, helle Saucen, Frikadellen und andere Hackfleischgerichte rundet das Muskataroma wunderbar ab.

Nüsse – Mandeln, Kokosnüsse, Cashewkerne, Pekannüsse, Haselnüsse, Walnüsse oder Erdnüsse (bei denen es sich eigentlich um Bohnen handelt) enthalten besonders viel Fett (selten unter 50 Prozent) und waren lange als Dickmacher verpönt. Tatsächlich enthalten sie reichlich Kohlenhydrate, aber auch sehr hochwertiges Eiweiß sowie viel Vitamin E, welches die essenziellen Fettsäuren in den Zellmembranen vor Oxidationsschäden schützt. Nüsse senken durch ihre mehrfach ungesättigten Fettsäuren den Cholesterinspiegel im Blut. Der hohe Gehalt an Mineralstoffen wie Phosphor, Kalium und Magnesium macht Nüsse noch hochwertiger. Denn zur Fettverbrennung benötigt der Körper insbesondere Magnesium, das als Bestandteil von verschiedenen Enzymen wirksam wird. Tipp: regelmäßig aber in Maßen genießen!

Paprika gibt es vom milden Edelsüß-Paprika bis zum scharfen Rosenpaprika. Es schmeckt in Suppen, Saucen, Fleischgerichten, Geflügel und Salaten.

Pfeffer – Ganz gleich ob weiß oder schwarz, frisch aus der Mühle schmeckt er am besten. Grüner Pfeffer schmeckt eingelegt zum Beispiel zu Kurzgebratenem, roter Pfeffer hat ein fruchtiges Aroma.

Salz – Ob Meersalz oder Steinsalz aus der Mühle ist Geschmackssache. Bio-Salze werden nicht chemisch behandelt und ohne Zusatzstoffe verkauft.

Stevia – Das Süßkraut aus Paraguay hat keinen Energiewert, verursacht kein Karies, ist 300-mal süßer als Zucker. Die Süße der Pflanze entsteht durch Stevioside. Stevia schmeckt in etwa wie Süßstoff mit einem leicht lakritzeartigen Nachgeschmack. (s. Info Seite 135)

Tee – Tee enthält Inhaltsstoffe wie Koffein und Teein, die das Speicherfett mobilisieren und die Fettverdauung sowie den Stoffwechsel ankurbeln. Insbesondere grüner Tee soll die Fettverbrennung fördern, da er die Körperwärme anregt. Der regelmäßige Genuss von grünem Tee wirkt aufgrund der darin enthaltenen Gerbstoffe Magen und Darm beruhigend, schützt aufgrund seiner antibakteriellen Wirkung vor Karies und reguliert den Blutdruck. Neben den Vitaminen A, B, B_{12}, C und Mineralstoffen wie Kalzium, Kalium und Fluorid enthält grüner Tee etwa 130 bedeutende Inhaltsstoffe, darunter Flavonoide. Diese wirken positiv auf eine Vielzahl von Stoffwechselprozessen im Körper, schützen vor Krebs, stärken das Immunsystem und verhindern Entzündungsprozesse. Flavonoide senken außerdem das Risiko für Herz-Kreislauf-Erkrankungen.

Zimt – Die braunen Röllchen mit dem holzartig-warmen, leicht scharfen Aroma stammen aus der Rinde des asiatischen Zimtlorbeerbaums. Zimt wirkt entzündungshemmend, anregend, insulinähnlich und damit positiv auf den Zuckerstoffwechsel.

Vanille – Kinder und Frauen lieben das blumig-volle Aroma der »Königin der Gewürze«. Die schwarzbraunen Schoten sind Fruchtkapseln einer Orchideenart. Ihre Kultivierung ist sehr aufwendig, weshalb Vanille nach Safran zu den wertvollsten Gewürzen gehört. Sowohl das Mark als auch die Schote, die in flüssigen Speisen mitgekocht werden kann, würzt Desserts, Gebäck und Kompott, verleiht aber auch Spargel, Möhren oder Fleisch eine besondere Note. Außerdem nimmt Vanille die Lust auf Süßes. Das Mark lösen Sie aus der Schote, indem sie diese mit einem scharfen Messer längs halbieren und das Mark mit dem Messerrücken vorsichtig herausschaben.

Wasser – Wasser enthält null Kalorien. Wenn es kalt ist, erhöht es den Kalorienverbrauch im Körper, da es die Wärmeproduktion anregt. Dadurch werden Fettreserven abgebaut. Außerdem füllt Wasser den Magen und wirkt als Appetitbremse. Das ist wichtig, um die Pausen zwischen den drei Schlank-im-Schlaf-Mahlzeiten einzuhalten.

Weizenkeime – Sie sind reich an dem Spurenelement Zink, das für einen reibungslosen Kohlenhydrat-, Fett- und Eiweißstoffwechsel sorgt und essenziell für die Funktion verschiedener Hormone wie Insulin, Schilddrüsenhormone, Sexualhormone und Wachstumshormone ist. Auch die Geschmackswahrnehmung ist von Zink abhängig.

Was darf ich essen? – Auswahltabelle

Morgens: Kohlenhydrate – ja! Tierisches Eiweiß – nein!

	KH	E	F	Energie	Portionsgröße
Brot und Backwaren		**pro 100 g Nahrungsmittel**			
Croissants	30 g	7 g	30 g	420 kcal	1 Stück = 50 g
Knäckebrot	66 g	10 g	2 g	318 kcal	1 Scheibe = 10 g
Mischbrot/Graubrot	48 g	6 g	1 g	226 kcal	1 Scheibe = 50 g
Rosinenbrötchen	48 g	7 g	8 g	297 kcal	1 Stück = 45 g
Vollkornbrot	41 g	8 g	1 g	204 kcal	1 Scheibe = 50 g
Vollkorntoastbrot	40 g	10 g	3 g	233 kcal	1 Scheibe = 30 g
weiße Brötchen	56 g	8 g	2 g	272 kcal	1 Stück = 50 g
Eiweiß-Abendbrot	7 g	26 g	10 g	248 kcal	1 Scheibe = 30 g
Fette und Öle					
Butter	1 g	1 g	83 g	754 kcal	1 TL = 5 g
Halbfettbutter	+	5 g	41 g	385 kcal	1 TL = 5 g
Halbfettmargarine	+	2 g	40 g	368 kcal	1 TL = 5 g
Margarine	+	+	80 g	722 kcal	1 TL = 5 g
Süße und pikante Brotaufstriche					
(Erdbeer-)Konfitüre	63 g	+	0 g	256 kcal	1 TL = 10 g
(Johannisbeer-)Gelee	63 g	+	0 g	256 kcal	1 TL = 10 g
Nuss-Nugat-Creme	60 g	4 g	30 g	522 kcal	1 TL = 10 g
Rübenkraut	37 g	1 g	0 g	273 kcal	1 TL = 10 g
Sojaaufstrich	6 g	8 g	20 g	237 kcal	30 g
Getreideprodukte					
Cornflakes	80 g	7 g	1 g	356 kcal	10 EL à 4 g = 40 g
Früchtemüsli	60 g	10 g	6 g	340 kcal	5 EL à 10 g = 50 g
Haferflocken	58 g	12 g	8 g	354 kcal	5 EL à 10 g = 50 g
Haferkleie	53 g	15 g	9 g	350 kcal	5 EL à 10 g = 50 g
Schokomüsli	60 g	10 g	12 g	390 kcal	5 EL à 10 g = 50 g
Weizenkeime	31 g	29 g	9 g	320 kcal	5 EL à 10 g = 50 g
Früchte					
Apfel	11 g	+	+	54 kcal	1 Stück = 150 g
Banane	21 g	1 g	+	94 kcal	1 Stück = 125 g
Birne	12 g	1 g	+	55 kcal	1 Stück = 125 g
Erdbeere	6 g	1 g	+	32 kcal	125 g
Kiwi	10 g	1 g	+	50 kcal	1 gr. Stück = 100 g
Orange	8 g	1 g	+	42 kcal	1 Stück = 125 g
Pfirsich	10 g	1 g	+	43 kcal	1 Stück = 125 g

Alle Nährwerte sind gerundet. +: Spuren des Nährstoffs vorhanden
Quellen: Gesellschaft für Adipositas- und Ernährungsberatung 2001 (Tel. 06131/240530).
Der große Klever: Kalorien & Nährwerte 2010/2011. GU, 2009.

Mittags: Kohlenhydrate – ja! Eiweiß – ja!

	KH	E	F	Energie	Portionsgröße
Getreideprodukte		**pro 100 g Nahrungsmittel**			
Eierteigwaren	70 g	13 g	3 g	347 kcal	100 g
Hartweizennudeln	75 g	13 g	1 g	362 kcal	100 g
Naturreis	73 g	7 g	2 g	343 kcal	10 EL à 10 g = 100 g
Reis, poliert	78 g	7 g	1 g	344 kcal	10 EL à 10 g = 100 g
Vollkornnudeln	64 g	15 g	3 g	343 kcal	100 g
Kartoffelprodukte					
Kartoffeln, gekocht	15 g	2 g	0 g	70 kcal	1 mittelgr. Stück = 70 g
Kartoffelpüree	13 g	2 g	3 g	92 kcal	200 g
Pommes frites (Backofen)	28 g	3 g	6 g	174 kcal	150 g
Hülsenfrüchte, getrocknet					
Bohnen	40 g	22 g	2 g	262 kcal	100 g (roh)
Erbsen	41 g	23 g	1 g	69 kcal	100 g (roh)
Linsen	52 g	24 g	1 g	315 kcal	100 g (roh)
Gemüse/Rohkost					
Blumenkohl/Brokkoli	2 g	2,5 g	+	20 kcal	200 g
Champignons	1 g	4 g	+	22 kcal	200 g
Eisbergsalat	4 g	3 g	+	40 kcal	50 g
Grüne Bohnen	5 g	2 g	+	32 kcal	200 g
Grünkohl	3 g	4 g	1 g	37 kcal	200 g
Knollensellerie	2 g	2 g	+	18 kcal	200 g
Kohlrabi	4 g	2 g	+	24 kcal	1 mittelgr. Stück = 200 g
Möhre	3 g	1 g	+	18 kcal	1 kl. Stück = 50 g
Paprikaschote	3 g	1 g	+	19 kcal	1 Stück = 150 g
Rote Beten	8 g	2 g	+	41 kcal	1 mittelgr. Stück = 150 g
Rotkohl	3 g	2 g	+	21 kcal	200 g
Salatgurke	2 g	1 g	+	12 kcal	½ Stück = 200 g
Spargel	1 g	2 g	+	13 kcal	200 g
Spinat	1 g	2 g	+	14 kcal	200 g
Staudensellerie	2 g	1 g	+	15 kcal	200 g
Tomate	3 g	1 g	+	17 kcal	1 mittelgr. Stück = 50 g
Zucchini	2 g	2 g	+	19 kcal	1 mittelgr. Stück = 125 g
Milchprodukte/Käse/Tofu					
wie abends					
Fleisch/Fleischwaren					
wie abends					
Fisch und Ei					
wie abends					

Abends: Tierisches Eiweiß – ja! Kohlenhydrate – nein!

	KH	E	F	Energie	Portionsgröße
Fleisch/Geflügel		**pro 100 g Nahrungsmittel**			
ganzes (Brat-)Hähnchen	+	20 g	10 g	166 kcal	125 g
Ente	+	18 g	17 g	227 kcal	125 g
Hackfleisch (halb/halb)	+	20 g	20 g	260 kcal	125 g
Hähnchenbrustfilet	+	23 g	1 g	100 kcal	125 g
Lammkotelett	+	15 g	32 g	348 kcal	125 g
Putenbrust	+	24 g	1 g	105 kcal	125 g
Rinderfilet	+	21 g	4 g	121 kcal	125 g
Rinderschulter	+	20 g	5 g	129 kcal	125 g
Schweinefilet	+	21 g	2 g	104 kcal	125 g
Schweineschnitzel	+	22 g	2 g	106 kcal	125 g
Fisch und Ei					
Forelle	+	20 g	3 g	102 kcal	1 mittelgr. Stück = 180 g
Kabeljaufilet (Dorsch)	+	17 g	0,6 g	75 kcal	150 g
Lachs	+	20 g	14 g	202 kcal	150 g
Lachs, geräuchert	0 g	28 g	19 g	288 kcal	50 g
Makrele, geräuchert	+	21 g	16 g	222 kcal	1 mittelgr. Stück = 250 g
Pangasius	+	11 g	2 g	62 kcal	150 g
Rotbarsch	+	18 g	4 g	105 kcal	150 g
Seelachsfilet	+	18 g	1 g	80 kcal	150 g
Hühnerei	1 g	13 g	12 g	160 kcal	1 Stück = ca. 60 g
Milchprodukte					
Crème fraîche 40 % Fett	3 g	2 g	40 g	378 kcal	1 Becher = 100 g
Joghurt 1,5 % Fett	5 g	3 g	1,5 g	47 kcal	1 kl. Becher = 150 g
Joghurt 3,5 % Fett	4 g	3 g	3,5 g	61 kcal	1 kl. Becher = 150 g
Magerquark	3,2 g	13 g	+ g	72 kcal	125 g
saure Sahne 10 % Fett	4 g	3 g	10 g	117 kcal	1 kl. Becher = 150 g
Käse/Tofu					
Bergkäse 45 % F. i. Tr.	+ g	27 g	32 g	396 kcal	30 g
Camembert 30 % F. i. Tr.	+	23 g	13 g	206 kcal	30 g
Camembert 60 % F. i. Tr.	+	17 g	33 g	366 kcal	30 g
Frischkäse 20 % F. i. Tr.	3 g	13 g	8 g	134 kcal	1 EL = 30 g
Gouda 48 % F. i. Tr.	+	23 g	28 g	343 kcal	1 Scheibe = 30 g
Harzer/Korbkäse	+	30 g	1 g	126 kcal	30 g
Mozzarella 45 % F. i. Tr.	+	19 g	20 g	255 kcal	30 g
Schafskäse 45 % F. i. Tr.	+	17 g	19 g	236 kcal	30 g
Tofu	1 g	8 g	5 g	77 kcal	100 g
Gemüse/Rohkost					
wie mittags, jedoch keine Möhren					

Alle Nährwerte sind gerundet. +: Spuren des Nährstoffs vorhanden

Quellen: Gesellschaft für Adipositas- und Ernährungsberatung 2001 (Tel. 06131/240530).
Der große Klever: Kalorien & Nährwerte 2010/2011. GU, 2009.

Was darf ich trinken? – Auswahltabelle

Immer: kalorienfreie bzw. nahezu kalorienfreie Getränke

Leitungswasser, nach Wunsch mit Ingwerscheiben/Zitronenscheiben • Mineralwasser, mit/ohne Kohlensäure, nach Wunsch aromatisiert • Kräutertee • schwarzer Tee, grüner Tee • Kaffee mit 2 TL Milch oder 1 TL Kondensmilch, Espresso

Energieliefernde Getränke für morgens:

	KH	E	F	Energie	Portionsgröße
	pro 100 g Nahrungsmittel				
Ananassaft	13 g	+	+	59 kcal	1 Glas = 200 ml
Apfelsaft	12 g	+	+	57 kcal	1 Glas = 200 ml
Grapefruitsaft	10 g	1 g	+	47 kcal	1 Glas = 200 ml
Orangensaft	9 g	1 g	+	44 kcal	1 Glas = 200 ml
Saftschorle (Apfel)	5 g	+	+	25 kcal	1 Glas = 200 ml
Sojamilch	6 g	4 g	2 g	52 kcal	1 Glas = 200 ml

Energieliefernde Getränke für mittags:*

	KH	E	F	Energie	Portionsgröße
	pro 100 g Nahrungsmittel				
Buttermilch	4 g	4 g	0,5 g	35 kcal	1 Glas = 200 ml
Colagetränk	11 g	0 g	0 g	57 kcal	1 Glas = 200 ml
Diät-Fruchtsaftgetränk	4 g	1 g	+	23 kcal	1 Glas = 200 ml
Gemüsesaft	3 g	2 g	+	22 kcal	1 Glas = 200 ml
Kefir 1,5 % Fett	4 g	3 g	2 g	50 kcal	1 Glas = 200 ml
Kuhmilch 1,5 % Fett	5 g	3 g	1,5 g	47 kcal	1 Glas = 200 ml
Kuhmilch 3,5 % Fett	5 g	3,3 g	3,5 g	64 kcal	1 Glas = 200 ml
Limonade	12 g	0 g	0 g	49 kcal	1 Glas = 200 ml
Molke, süß	5 g	1 g	+	25 kcal	1 Glas = 200 ml
Orangensaft	9 g	1 g	+	44 kcal	1 Glas = 200 ml
Saftschorle (Apfel)	5 g	+	+	25 kcal	1 Glas = 200 ml
Tomatensaft	2 g	1 g	+	15 kcal	1 Glas = 200 ml

Energieliefernde Getränke für abends:*

	KH	E	F	Energie	Portionsgröße
	pro 100 g Nahrungsmittel				
Buttermilch	4 g	4 g	0,5 g	35 kcal	1 Glas = 200 ml
Colagetränk, light	+	0 g	0 g	<1 kcal	1 Glas = 200 ml
Kefir 1,5 % Fett	4 g	3 g	2 g	50 kcal	1 Glas = 200 ml
Kuhmilch 1,5 % Fett	5 g	3 g	1,5 g	47 kcal	1 Glas = 200 ml
Kuhmilch 3,5 % Fett	5 g	3,3 g	3,5 g	64 kcal	1 Glas = 200 ml
Limonade, light	0 g	0 g	0 g	3 kcal	1 Glas = 200 ml
Molke, süß	5 g	1 g	+	25 kcal	1 Glas = 200 ml

* Für Genießerinnen, die mittags oder abends auf ihren Wein oder ein Bier nicht verzichten möchten, sind darüber hinaus 0,2 Liter Wein oder 0,3 Liter Bier (mit oder ohne Alkohol) täglich erlaubt.

Feine Rezepte für Genießerinnen
(und alle, die sie lieben)

Frühstück – aber ja!

Alle Schlank-im-Schlaf-Mahlzeiten sind auf den natürlichen Stoffwechselrhythmus ausgerichtet. Nach der nächtlichen Fasten- und Schlafphase steht mit dem Frühstück die erste Tagesmahlzeit auf dem Programm. Das Gehirn braucht morgens dringend Zucker – ganze 120 Gramm Glukose sind sein Tagesbedarf. Und damit das Gehirn gut versorgt ist und Sie gut gelaunt in den Tag starten, gibt es nun Kohlenhydrate. Die stecken in Getreideprodukten bzw. der in ihnen enthaltenen Stärke, in süßen Brotaufstrichen, Obst und Fruchtsäften. Das heizt den Stoffwechsel und die Wärmeproduktion im Körper an. Bis zu 500 Gramm Kohlenhydrate pro Tag münden in die Thermogenese. Morgens gibt es den Großteil der täglichen Kohlenhydratportion. Der Grund: Im Laufe eines aktiven Vormittags verbrennen Sie die Kalorien aus Ihrem Frühstück und sind erst mittags wieder hungrig, wenn die nächste Portion Kohlenhydrate auf dem Programm steht.

Auch für Nicht-Frühstückerinnen

Nicht wenige Frauen betrachten das Frühstücken nach Schlank-im-Schlaf als Herausforderung, eben weil die Kohlenhydratmengen recht üppig sind. Es dürfen bei einem BMI über 30 beispielsweise schon vier Brötchen mit Marmelade sein. Aber keine Sorge: Sie haben morgens die Wahl zwischen verschiedenen Produkten, je nachdem, was Ihnen am meisten liegt. Dabei können die Portionen je nach Lebensmittel durchaus unterschiedlich groß ausfallen. Alle haben trotzdem etwas gemeinsam: Sie sorgen für eine gute Magendehnung und machen schon aufgrund ihres Volumens satt. Falls Sie morgens zwischen 6 und 7 Uhr wirklich noch keinen Bissen herunterbekommen, verschieben Sie das Frühstück auf zwischen 9 und 10 Uhr und wählen die Variante des Müslifrühstücks. Die darin enthaltenen Mehrfachzucker werden bei einem hohen Ballaststoffgehalt langsam verdaut, sodass die Zuckermoleküle erst nach und nach ins Blut gelangen und das Insulin nicht so rasch steigt wie beispielsweise nach einem Frühstück mit Weizenbrot aus fein gemahlenem Mehl. Darum sättigen sie auch länger. Die Mittagsmahlzeit müssen Sie dann entsprechend nach hinten verlegen.

Für Spät-Frühstückerinnen

Grundsätzlich sind für passionierte Nicht-Frühstückerinnen Müsli- und Getreidemischungen empfehlenswert, die Sie mit Saft oder Sojamilch bzw. -joghurt anrühren können. Auch Reismilch oder mit Wasser verdünnte Sahne (50 g Sahne, 150 ml Wasser) kommen infrage. Das Frühstücksmüsli können Sie mit Nüssen und Samen ergänzen, die wegen ihres hohen Magnesiumgehalts die Fettverbrennung anregen. Oder Sie geben frisches Obst dazu, idealerweise Sorten mit viel Vitamin C. Dieser Vitalstoff sorgt ebenfalls für eine gute Energieverwertung im Körper und schützt zugleich Ihr Immunsystem. Tierisches Eiweiß gibt es erst ab mittags, morgens stressen Kuh-, Schafs- und Ziegenmilch sowie Joghurt, Quark oder Käse die Bauchspeicheldrüse. Diese Eiweißquellen im Mix mit Kohlenhydraten sorgen morgens für einen relativ zu hohen Insulinanstieg.

Da das Müslifrühstück sehr ballaststoffreich ist – die pflanzlichen Fasern werden nicht verdaut und gelangen unverändert in den Darm –, sollten Sie ausreichend trinken. Denn Ballaststoffe brauchen viel Flüssigkeit zum Quellen. Am besten trinken Sie schon morgens vor dem Frühstück ein oder zwei Gläser Wasser. Das regt den Magen-Dickdarm-Reflex an. Wenn Ihnen auch die Getreidevarianten zu üppig sind: Verwöhnen Sie sich morgens mit Obstsalat, cremigen (Soja-)Joghurt- bzw. (Soja-) Quark-Variationen oder fruchtigen und pikanten Smoothies.

Für Frauen mit Appetit

Wenn Sie ein ausgesprochener Morgenmensch sind, schmeckt Ihnen mit Sicherheit ein Brotfrühstück mit frischen Brötchen, Croissants oder Ihrer Lieblingsbrotsorte. Eine tolle Alternative, die das Abnehmen noch beschleunigt, ist jetzt Eiweißbrot. Viele Bäckereien führen mittlerweile das Brot, das bis zu sechs Mal weniger Kohlenhydrate enthält als ein Weizenbrot oder ein Mischbrot. Als Belag kommt entweder Süßes in Form von Konfitüren oder Marmelade infrage. Wer es lieber pikanter mag, kann zu feinen vegetarischen Brotaufstrichen, Butter und Gemüserohkost und Kräutern greifen.

INFO

Das Abnehm-Plus

Wenn Sie schneller abnehmen oder mal einen Extra-Schlank-Tag einlegen möchten, greifen Sie morgens statt zu normalem Brot zu Eiweißbrot (siehe Seite 141, Adressen). Darin stecken kaum Kohlenhydrate, dafür reichlich pflanzliches Eiweiß. Denn aus diesem Eiweiß kann der Körper auch Glukose für das Gehirn wie auch für andere glukoseabhängige Organe herstellen. Zusätzlich zapft er vermehrt die Fettdepots an.

Frühstücks-Baukasten

Planen Sie Ihre täglichen Kohlenhydratmengen vor Beginn der Ernährungsumstellung auf das Schlank-im-Schlaf-Prinzip. Das geht ganz einfach: Sie berechnen Ihren BMI, und damit stellen Sie Ihren Kohlenhydratebedarf fest – beachten Sie dazu den Kasten auf Seite 24.

- Bei einem BMI unter 25 gibt es 75 Gramm Kohlenhydrate zum Frühstück.
- Liegt der BMI über 25 gibt es 100 Gramm Kohlenhydrate morgens. Wenn Ihr BMI dann mit der Zeit sinkt, passen Sie den Kohlenhydratebedarf entsprechend auf 75 Gramm an.

Aus welchen Zutaten Sie Ihr Müsli-, Obst- oder Brotfrühstück zusammenstellen, kombinieren Sie mithilfe des Frühstücksbaukastens. Ihre Morgengetränke und Ihr Müsli können Sie nach Belieben mit etwas Honig, Dicksaft, Zucker oder auch Stevia süßen.

Fit mit Müsli & Co.

Die Getreidebasis (je ca. 50 g KH)
90 g Amaranth, gepufft
90 g Quinoa, gepufft
60 g Cornflakes, ohne Zucker
60 g Cornflakes, gesüßt
8 EL Flockenmischung (80 g)
8 EL Fruchtmüsli, ungesüßt (85 g)
8 EL Getreideschrot (80 g)
8 EL kernige Haferflocken (80 g)
7 EL Knuspermüsli
8 EL Mehrkornflocken (80 g)
8 EL Schokomüsli (85 g)
4 Stück Weetabix (75 g)
60 g Weizen- bzw. Dinkelpops

Trockenobst (je 20–25 g KH)
30 g Ananas
40 g Apfelringe
50 g Aprikosen
40 g Bananenchips
5 Datteln oder Feigen
30 g Papaya
5 Pflaumen (50 g)
30 g Rosinen

Damit wird angerührt (Säfte je 20–25 g KH)
200 ml Ananassaft
200 ml Apfelsaft/Multivitaminsaft
250 ml Grapefruitsaft/Sauerkirschsaft
250 ml Orangensaft
150 ml Traubensaft
3 EL Sahne = 10 g Fett
150 g Sojamilch, natur = 2,5 g Fett
250 g Vanille-Sojamilch (ca. 15 g KH)

Nüsse (1 Portion einmal am Tag, wahlweise abends, je 10 g Fett)
25 Cashewkerne
2 EL Kürbiskerne
6 TL Leinsamen
15 Haselnüsse
15 Mandeln
4 TL Sonnenblumenkerne
7 Walnüsse

Der Klassiker: Brotfrühstück

Brot & Gebäck (je ca. 50 g KH)
1 Baguettebrötchen (100 g)
2 Scheiben Bauernbrot (100 g)
2 Croissants (120 g)

7 Scheiben Knäckebrot (70 g)
1–2 Laugenbrezeln, je nach Größe (100 g)
1–2 Laugenbrötchen, je nach Größe (100 g)
1–2 Laugenstangen, je nach Größe (100 g)
2 Milchbrötchen (100 g)
2 ½ Scheiben Mischbrot (100 g)
3 Scheiben Roggenbrot (120 g)
2 Roggenbrötchen (100 g)
2 Rosinenbrötchen (100 g)
2 ½ Scheiben Vollkornbrot (125 g)
1 ½ Vollkornbrötchen (120 g)
2 ½ Scheiben Weißbrot (100 g)
3–5 Scheiben Weizentoast (100 g)
2 Weizenbrötchen (100 g)
7 Scheiben Zwieback (70 g)
3–4 Scheiben Pumpernickel (120 g)

Süße Aufstriche (je ca. 13 g KH)
2 TL Fruchtkonfitüre
2 TL Orangenmarmelade
2 TL Honig
2 TL Nuss-Nugat-Creme
2 TL Pflaumenmus
2 TL Rübenkraut

Herzhafte Aufstriche (1 EL entspricht 10 g)
5 EL vegetarischer Brotaufstrich = 20 g Fett
2 ½ EL Butter = 20 g Fett
2 ½ EL Erdnussbutter, gesalzen = 20 g Fett
2 ½ EL Pflanzenmargarine = 20 g Fett

Dazu: frische Früchte (je 13 g * bzw. 25 g KH)
200 g Ananas
2 kleine Äpfel
6 Aprikosen
1 mittelgroße Banane
2 kleine Birnen
250 g Beeren *
1 Grapefruit
½ kleine Honigmelone
1 ½ Kiwi *
2–3 Mandarinen *
1 Mango (ca. 200 g) *
1 Pfirsich *
1 große Orange *
75 g Weintrauben *

... oder Gemüserohkost (je ca. 5 g KH)
½ Kohlrabi
1 Tomate
¼ Salatgurke (100 g)
½ Paprika
4 Radieschen

Getränke zum Frühstück

Wasser, mit oder ohne Kohlensäure
Mineralwasser mit Fruchtextrakten
Ingwer- oder Zitronenwasser
Tee (z. B. grüner Tee, schwarzer Tee, Kräuterteemischungen) mit oder ohne Zucker oder Honig
schwarzer Kaffee oder Espresso mit oder ohne Zucker
1 Tasse Kaffee mit 2 TL Soja- oder Kuhmilch mit oder ohne Zucker
1 Tasse Kaffee mit 1 TL Kondensmilch oder fettarmer Sahne mit oder ohne Zucker
1 Glas Sojamilch mit oder ohne Vanille- oder Schokoladenaroma (bis zu ca. 20 g KH)
1 Glas Orangen-, Grapefruit-, Apfel-, Trauben- oder Ananassaft (20–25 g KH)

Hafermüsli mit Kirschen

2 EL Walnusskerne | 5–6 EL kernige Haferflocken (ca. 50 g) | 2 EL Haferkleie (ca. 25 g) | 60 g weiche getrocknete Kirschen | ¼ TL gemahlene Vanille | 1 Becher Sojajoghurt »natur« (150 g) | 1 EL heller flüssiger Honig

Für 1 Person | 15 Min. Zubereitung
Pro Portion 660 kcal, 18 g EW, 21 g F, 96 g KH

1 Die Walnusskerne grob hacken und in einer kleinen Pfanne ohne Zugabe von Fett ein wenig rösten. Anschließend mit den Haferflocken, der Haferkleie, den getrockneten Kirschen und der Vanille mischen.

2 Den Sojajoghurt mit dem Honig verrühren. Zum Servieren über die Haferflocken-Kirsch-Mischung geben.

VARIANTEN: Immer bunter wird das Angebot an getrockneten Früchten in den Supermärkten und Bioläden, mit denen Sie im Nu für gesunde Abwechslung beim Frühstück sorgen können. So können Sie statt der getrockneten Kirschen auch getrocknete Mangos oder Ananas nehmen. Oder Sie mischen Cranberrys, weiche Rosinen oder klein geschnittene Soft-Aprikosen mit den Haferflocken. Und natürlich können es auch jederzeit frische Früchte sein: ob Kiwis, Äpfel, Erdbeeren oder Pflaumen – schnippeln Sie in die Müslischüssel, was gerade frisch bereitliegt.

INFO: Haferkleie hilft beim gesunden Abnehmen. Es stecken reichlich sättigende und verdauungsfördernde Ballaststoffe darin und Wertvolles wie Magnesium, Eisen und Kalium. Zudem senkt Haferkleie das schädliche LDL-Cholesterin.

Kerniges Ananas-Müsli

2 EL Cashewkerne | ca. ⅓ Ananas (etwa 300 g Fruchtfleisch) | 1 Birne | 1 EL Zitronensaft | 50 g gemischte kernige Getreideflocken (ca. 5–6 EL) | 1–2 EL Weizenkeime (ca. 10 g) | 250 ml Orangensaft

Für 1 Person | 15 Min. Zubereitung
Pro Portion 600 kcal, 13 g EW, 13 g F, 98 g KH

1 Die Cashewkerne grob hacken und in einer kleinen Pfanne ohne Zugabe von Fett goldbraun rösten. Vom Herd nehmen.

2 Ananas schälen, das Fruchtfleisch ohne den harten Mittelstrunk in Stücke schneiden. Birne waschen und gut abreiben, grob raspeln, dabei das Kerngehäuse aussparen. Die Raspel mit Zitronensaft beträufeln, Flocken und Weizenkeime untermischen.

3 Die Ananas und die Cashewkerne dazugeben, den Orangensaft darübergießen und das Müsli sofort genießen.

Grapefruitsalat mit Kürbiskernen

2 Grapefruits | 1 Becher Sojajoghurt »natur« (150 g) | 2 EL Ahornsirup | 20 g Kürbiskerne | 1 EL Rosinen | 250 ml Smoothie

Für 1 Person | 15 Min. Zubereitung
Pro Portion 650 kcal, 17 g EW, 15 g F, 100 g KH

1 Grapefruits zum Filetieren bis knapp ins Fruchtfleisch schälen. Die Früchte filetieren, abtropfenden Saft dabei auffangen. Die Filets auf einen tiefen Teller geben.

2 Den Sojajoghurt mit dem abgetropften Saft und dem Ahornsirup verrühren. Zu den Grapefruits geben.

3 Die Kürbiskerne grob hacken und in einer kleinen Pfanne ohne Zugabe von Fett rösten, bis sie angenehm duften. Zusammen mit den Rosinen über die Grapefruits verteilen. Den Smoothie dazu genießen.

Kalt gerührte Mangocreme

1 reife Mango | 1 EL Zitronensaft | 1 Paket Gelierzucker für kalt gerührten Fruchtaufstrich (ca. 185 g) | 1 EL Pistazienkerne | ½ Granatapfel

Außerdem: kleine Einmachgläser

Für 12 Portionen | 20 Min. Zubereitung
Pro Portion 80 kcal, 0 g EW, 0,5 g F, 19 g KH

1 Die Mango schälen, das Fruchtfleisch vom Stein abschneiden. Anschließend knapp 200 g davon abwiegen und in kleine Würfel schneiden.

2 Das vorbereitete Mangofruchtfleisch mit dem Zitronensaft und dem Gelierzucker mischen. Nach den Angaben auf der Zuckerpackung mit einem Pürierstab mixen, bis eine gleichmäßige, leicht dickliche Creme entstanden ist.

3 Die Pistazienkerne grob hacken. Die Granatapfelkerne aus der Schale lösen. Beides unter die Mangocreme rühren. Diese in gründlich gereinigte kleine Gläser füllen und fest verschlossen im Kühlschrank aufbewahren.

TIPP: Kalt gerührte Fruchtaufstriche überzeugen durch ein sehr ausgeprägtes Aroma und schmecken auf dem Frühstücksbrötchen ebenso gut wie als süße Beigabe zu Joghurt oder Quark – zum Frühstück natürlich auf Sojabasis. Bitte beachten Sie, dass die kalt gerührten Aufstriche nicht so lange haltbar sind wie auf herkömmliche Art gekochte Konfitüren. Füllen Sie sie deshalb stets in sehr kleine Gläser ab, und bewahren Sie sie stets im Kühlschrank auf.

Kirschaufstrich mit Schokolade

500 g Sauerkirschen | ½ Bio-Zitrone | 250 g Gelierzucker 2:1 | 2 EL Schokoladen-Tropfen

Außerdem: Einmachgläser

Für 20 Portionen | 30 Min. Zubereitung
Pro Portion 70 kcal, 0 g EW, 0,5 g F, 16 g KH

1 Die Kirschen waschen, verlesen, von den Stielen zupfen und entsteinen. Mit einem Pürierstab oder im Mixer pürieren.

2 Die Zitrone heiß abwaschen und abtrocknen, etwas Schale fein abreiben. Die Zitrone halbieren und den Saft aus beiden Hälften auspressen. Saft und Schalenabrieb zum Kirschpüree geben. Dieses in einem Topf mit dem Gelierzucker verrühren und langsam zum Kochen bringen.

3 Die Fruchtmischung etwa 4 Min. sprudelnd kochen lassen. Vom Herd nehmen und einige Minuten abkühlen lassen, dann die Schokoladen-Tropfen schnell unterrühren und alles in gründlich gesäuberte Gläser füllen, diese verschließen.

TIPP: Dieser ungewöhnliche Aufstrich gelingt am allerbesten mit den kleinen Schokoladentropfen, die es im Supermarkt abgepackt bei den Backzutaten zu kaufen gibt. Die Tropfen sind recht fest und schmelzen nicht sofort, wenn man sie unter das heiße Fruchtpüree rührt. Sofern Sie lieber herkömmliche Schokolade verwenden möchten, sollten Sie diese grob hacken und unter die fast vollständig ausgekühlten Kirschen rühren. Das gelingt und schmeckt ebenfalls wunderbar. Nachteil: Die Haltbarkeit des süßen Aufstriches beträgt dann nur 1–2 Monate. Wird Konfitüre kochend heiß abgefüllt und das Glas umgehend fest verschlossen, bildet sich ein Vakuum, das den Verderb des Inhalts deutlich hinauszögert.

Orangengelee mit Campari

1 Bio-Orange | 4–5 Orangen | 75 ml Campari | 500 g Gelierzucker 1:1

Außerdem: kleine Einmachgläser

Für 30 Portionen | 45 Min. Zubereitung
Pro Portion 81 kcal, 0 g EW, 0 g F, 19 g KH

1 Bio-Orange heiß abwaschen, abtrocknen. Etwa 3 TL Schale mit dem Zestenreißer abziehen oder mit der Reibe abreiben.

2 Den Saft aller Orangen auspressen. Etwa 375 ml Saft abmessen, in einem Topf mit dem Campari und dem Gelierzucker verrühren. Die Orangenschale dazugeben.

3 Die Mischung langsam und unter häufigem Rühren zum Kochen bringen, bei mittlerer bis starker Hitze 4 Min. sprudelnd kochen lassen. In gründlich gereinigte Gläser umfüllen, diese sofort verschließen.

Pikante Möhren-Mandel-Creme

400 g Möhren | 1 Zwiebel | 1 Knoblauchzehe | 1 EL Olivenöl | 40 g geschälte gemahlene Mandeln | 250 ml Gemüsebrühe | ½ Bund Petersilie | Salz | Pfeffer aus der Mühle | 1–2 EL Zitronensaft

Für 15 Portionen | 60 Min. Zubereitung
Pro Portion 29 kcal, 1 g EW, 2 g F, 1 g KH

1 Möhren putzen und schälen, Zwiebel und Knoblauch schälen, alles klein würfeln. In einem Topf im Öl Möhren, Zwiebeln und Knoblauch kurz anschwitzen. Die Mandeln einrühren, dann mit der Brühe ablöschen. Zugedeckt ca. 20 Min. köcheln lassen.

2 Die Möhrenmischung im Mixer pürieren. Die Petersilie waschen und trocken schütteln, die Blättchen fein hacken und unterrühren. Die Creme mit Salz, Pfeffer und etwas Zitronensaft abschmecken. Gegebenenfalls noch etwas Wasser unterrühren.

Paprika-Rosmarin-Creme

4 gelbe Paprikaschoten | 2 Zweige Rosmarin | 4 Zweige Thymian | 1 Knoblauchzehe | 50 ml Olivenöl | Salz | Pfeffer aus der Mühle | Rosen-Paprikapulver

Für 20 Portionen | 45 Min. Zubereitung
Pro Portion 30 kcal, 0 g EW, 3 g F, 1 g KH

1 Den Backofen auf 225° (Umluft 200°) vorheizen. Die Paprikaschoten waschen, putzen und halbieren, die hellen Trennhäutchen, die Kerne und die Stielansätze entfernen.

2 Die Paprikahälften mit den Rundungen nach oben auf ein Backblech legen. Im heißen Ofen (Mitte) 10–15 Min. backen, bis ihre Haut schwarz wird und Blasen bildet. Die Paprikahälften mit einem feuchten Tuch bedeckt etwas abkühlen lassen.

3 Inzwischen den Rosmarin und den Thymian waschen und trocken schütteln. Nadeln bzw. Blättchen abzupfen und sehr fein hacken. Den Knoblauch schälen und sehr fein würfeln oder durch die Presse drücken.

4 Von den Paprikaschoten mit einem kleinen Küchenmesser die Haut abziehen. Die Schoten dann grob würfeln und zusammen mit dem Olivenöl im Mixer pürieren.

5 Das Paprikapüree in eine Schüssel umfüllen, Rosmarin, Thymian und den Knoblauch unterrühren. Die Creme mit Salz, Pfeffer und Paprikapulver abschmecken.

Dattel-Curry-Creme

100 g Seidentofu | 1 TL Currypulver | 50 g getrocknete Datteln | Salz | Pfeffer aus der Mühle

Für 2 Personen | 10 Min. Zubereitung
Pro Portion 95 kcal, 3 g EW, 1 g F, 17 g KH

1 In einer Schüssel den Seidentofu mit dem Currypulver verrühren. Am besten mit einem Schneebesen kräftig verschlagen, damit eine recht gleichmäßige Creme entsteht.

2 Die getrockneten Datteln falls nötig entsteinen. Die Früchte dann in sehr feine Würfel schneiden, unter die Tofu-Curry-Creme rühren und diese mit Salz und Pfeffer abschmecken. Die Dattel-Curry-Creme bald genießen – sonst quellen die Datteln und machen die Creme recht kompakt.

INFO: Seidentofu
Seidentofu ist eine Spezialität, die im Rahmen von Schlank-im-Schlaf eine wunderbare Alternative zum morgens nicht erlaubten Frischkäse darstellt. Der sehr milde, weiche Tofu lässt sich bestens pürieren und so zu süßen wie auch herzhaften Cremes verarbeiten. Auch mit dem – gängigeren – Natur-Tofu schmeckt und gelingt die Creme, allerdings wird sie nicht so samtig glatt und cremig.

VARIANTE: Wenn in Ihrem Bio- oder Naturkostladen Soja-Frischkäse angeboten wird, können Sie auch diesen statt Tofu verwenden.

Tomaten-Pinienkern-Creme

100 g Seidentofu | Salz | Pfeffer aus der Mühle | 1 EL Tomatenmark | 30 g Pinienkerne | 4 getrocknete Tomaten in Öl | Cayennepfeffer | 1 TL Honig

Für 2 Personen | 10 Min. Zubereitung
Pro Portion 160 kcal, 7 g EW, 11 g F, 10 g KH

1 Den Seidentofu mit Salz, Pfeffer und dem Tomatenmark in eine Schüssel geben, mit einem Schneebesen zur glatten Creme verschlagen.

2 Die Pinienkerne in einer trockenen Pfanne ohne Zugabe von Fett goldbraun rösten, dann klein hacken. Die Tomaten abtropfen lassen und in sehr feine Würfel schneiden. Beides unter den Tofu rühren und die Creme mit 1 Prise Cayennepfeffer und Honig abschmecken.

Rucola-Haselnuss-Creme

40 g Haselnusskerne | 100 g Seidentofu | Salz | Pfeffer aus der Mühle | ½ Hand voll Rucola | gemahlener Koriander

Für 2 Personen | 10 Min. Zubereitung
Pro Portion 156 kcal, 6 g EW, 14 g F, 3 g KH

1 Die Nusskerne in einer Pfanne ohne Zugabe von Fett leicht rösten. In einem Metallsieb reiben, um die dunklen Häutchen zu entfernen (oder in ein sauberes Geschirrtuch gepackt aneinanderreiben). Die Nusskerne dann fein hacken.

2 Den Seidentofu in eine Schüssel geben, mit Salz und Pfeffer würzen und mit einem Schneebesen glatt rühren. Rucola waschen und gut trocken schütteln, die groben Stiele entfernen, die Blättchen ebenfalls hacken. Mit den Nüssen unter den Tofu rühren und die Creme mit 1 Prise Koriander abschmecken.

Mittagessen – schnell, frisch, raffiniert

Nach einer Pause von etwa fünf Stunden nach dem Frühstück stellt sich wieder Hunger ein. Wenn Sie gerade zu Beginn Ihrer Ernährungsumstellung das Gefühl haben, diese Pause noch nicht zu schaffen, dürfen Sie auch zwischendurch etwas Eiweiß zu sich nehmen. Eines der wichtigsten Prinzipien bei Schlank-im-Schlaf ist ja, dass Sie auf gar keinen Fall hungern sollen. Das ist beim Abnehmen geradezu kontraproduktiv und führt nur dazu, dass sich Gelüste auf besonders kalorienreiche Speisen und die Lust mal wieder richtig zuzuschlagen entwickeln. Der Mensch ist, so will es seine Biologie, auf (Fett-)Speichern programmiert. Das sicherte in Urzeiten das Überleben. Reserven, selbst wenn mehr als genug vorhanden sind, rückt er nicht freiwillig heraus.
Gerade bei einer bestehenden Insulinresistenz und auch, wenn man bisher dazu neigte, immer mal zwischendurch eine Kleinigkeit zu essen, können die Essens- und Insulinpausen zu Beginn daher eine echte Herausforderung darstellen.
Doch auch für diesen Ausnahmezustand haben wir eine Lösung. Werfen Sie doch einmal einen Blick auf das Angebot an kalorienarmen Snacks im Notfallkoffer auf Seite 53. Hier finden Sie mit Sicherheit etwas Leckeres, das Ihren Magen beruhigt und die Laune hebt, ohne dass das Insulin danach rasch ansteigt.

Das tut jetzt gut

Mittags ist der Organismus aus biorhythmischer Sicht auf Aktivität gepolt. Bewegung und konzentriertes Arbeiten fallen jetzt leicht, sofern man die richtigen Nährstoffe zu sich nimmt. Deshalb verträgt der Körper jetzt eine zweite Portion Kohlenhydrate für schnell umsetzbare Energie, diesmal gemischt mit einer Portion Eiweiß und Vitalstoffen aus frischem Gemüse oder Obst. Es gibt also stärkehaltige Produkte wie Nudeln, Reis, Kartoffeln oder Brot in Kombination mit Fisch oder Fleisch, Eiern, Milchprodukten und pflanzlichen Eiweißlieferanten wie Erbsen, Linsen oder Bohnen, Tofu und Tempeh.

Mischkost oder Eiweißmahlzeit?

Auch wenn Sie mittags auswärts essen, fällt die Wahl jetzt leicht: Suppe, Salat, ein Mischkostgericht, danach ein fruchtiges Dessert oder ein Stück Kuchen zum Kaffee. Wenn Sie schneller abnehmen möchten, zum weiblichen Hormontyp Testosteronfrau gehören oder wenn Sie aufgrund der Hormonumstellung in den Wechseljahren am Bauch zugenommen haben, ist mittags auch eine reine Eiweißmahlzeit empfehlenswert. Im Restaurant oder in der Kantine können Sie darum bitten, die Beilagen und Brot wegzulassen und dafür mehr Gemüse oder Salat zu bekommen. Sie können auch abwechselnd einen Tag mittags Mischkost wählen und am anderen zu einem Eiweißgericht greifen.

Verschiedene Eiweißquellen nutzen

Unser Körper, der zu 15 bis 20 Prozent aus Eiweiß besteht, ist auf eine regelmäßige Proteinzufuhr angewiesen, da sich alle Eiweißstrukturen (Muskeln, Gewebe, Haut, Haare) in einem ständigen Ab- und Aufbauprozess befinden. Lebenswichtig sind dabei nicht das Eiweiß selbst, sondern seine Bausteine (Aminosäuren). Jedes Nahrungseiweiß ist aus ihnen in unterschiedlichen Mustern und Mengen zusammengesetzt. Je mehr das Aminosäuren-Muster dem unseres Körpers entspricht und je besser ein durch die Nahrung aufgenommenes Eiweiß zur Herstellung von körpereigenen Eiweißstrukturen genutzt werden kann, z. B. für den Muskelaufbau, desto höher ist die sogenannte biologische Wertigkeit (BW). Je höher die biologische Wertigkeit von Nahrungseiweiß, desto weniger muss man davon essen, um seinen Bedarf zu decken. In der Regel ist tierisches Eiweiß dem menschlichen ähnlicher als pflanzliches Eiweiß und daher biologisch höherwertig. Allerdings lässt sich Eiweiß auch aufwerten durch die Kombination und den gleichzeitigen Verzehr verschiedener Lebensmittel. So können Sie Ihren täglichen Eiweißbedarf auch fleischlos decken. Schließlich mögen viele Frauen im Gegensatz zu den meisten Männern nicht jeden Tag Fleisch. Kombinationen von Ei (BW 100) mit pflanzlichem Eiweiß oder auch von Bohnen und Mais erreichen jedoch noch höhere biologische Wertigkeiten als z. B. Rindfleisch allein (BW 92), siehe der Kasten unten.

Fleisch sollte sowieso nicht zu häufig auf dem Speiseplan stehen. Es ist ebenso wie Wurst

Biologische Wertigkeit von Eiweiß-Kombinationen

Wertvoller als Fleisch

Ei + Kartoffel	136
Ei + Soja	123
Ei + Milch	122
Milch + Getreide	110
Ei + Reis	106
Bohnen + Mais	100

und fette Milchprodukte reich an gesättigten Fettsäuren. Diese erhöhen bei übermäßigem Verzehr das schlechte LDL-Cholesterin und landen in den Fettdepots.

Getränke zum Mittagessen

Trinken Sie ausreichend. Nach dem Frühstück sollte immer eine Flasche oder eine Kanne mit Wasser (gern mit einem Zitronenschnitz oder einigen Minzeblättern aromatisiert) oder Tee griffbereit stehen. Ausreichend trinken hilft dabei, den Abnehmerfolg effizient zu beschleunigen. Tees sind auch ideale Helfer, wenn es darum geht, ein Zwischen-Leistungstief zu überwinden oder eine kleine Heißhungerattacke zu überbrücken. Besonders gut schmecken:

Kräuter- und Gewürztees sind koffeinfrei. Die Kräuter sollten fünf bis zehn Minuten bedeckt ziehen. Diese Tees schmecken am besten warm, einige Sorten (z. B. Pfefferminze, Ingwer) aber auch kalt. Honig (morgens) sowie Stevia oder Süßstoffe geben Süße und runden das Kräuteraroma schön ab. Ein Grundrezept für Ingwertee lesen Sie unten auf dieser Seite, neben dem Bild.

Früchtetees sind morgens und mittags gute Begleiter zum Essen. Abends treiben Sie aufgrund der enthaltenen Früchte den Insulinspiegel nach oben. Deshalb zu dieser Tageszeit besser darauf verzichten. Im Sommer schmecken sie auch eisgekühlt. Früchtetee sollte etwa 15 Minuten ziehen, um sein Aroma voll zu entfalten.

Matetee stammt von einer Stechpalmenart aus Südamerika und enthält deutlich weniger Koffein als schwarzer Tee.

Rooibostee, auch als Roibusch-, Rotbusch- oder Massaitee bekannt, wird wie Schwarztee verarbeitet und erhält dabei eine intensive rötlich-braune Farbe. Er schmeckt milder und etwas süß, enthält kein Koffein und wenig Bitterstoffe. Besonder fein: Rooibos-Vanilletee mit dem typisch mild-süßlichen Aroma.

Ayurvedische Tees sind meist Mischungen von Kräutern mit Gewürzen wie Ingwer, Zimt oder Koriander. Die Mischungen sind in der Regel koffeinfrei. Einige dieser Tees werden traditionell mit Milch zubereitet.

▸ **Ingwertee:** Für 1 l Tee etwa 25 g frischen Ingwer schälen, in dünne Scheiben schneiden und in eine Kanne geben. Mit 1 l kochendem Wasser aufgießen und 10 Minuten ziehen lassen. Dann 2–3 TL grünen Tee einrühren und etwa 2 Minuten ziehen lassen. Den Tee durch ein Sieb in eine vorgewärmte Kanne gießen. Der Ingwertee kann mit Zitronensaft nach Geschmack aromatisiert werden. Morgens dürfen Sie ihn auch gerne mit etwas Honig süßen.

Mach mal Pause

Nutzen Sie das Mittagessen als kleine Auszeit. Zelebrieren Sie Ihre Mahlzeit möglichst in angenehmer Gesellschaft, mit netten Kolleginnen, Freunden, mit der Familie. Auch wenn Sie allein essen: Decken Sie den Tisch schön ein, setzen Sie sich. Lassen Sie Computer und Fernseher aus, lenken Sie sich nicht mit Lektüre ab. Sie merken sonst gar nicht, was Sie zu sich nehmen. Jede Mahlzeit sollte auch Ihrer Entspannung dienen. Der Alltag ist stressig genug!
Auch für Ihre Mitnehmmahlzeit sollten Sie sich einen angenehmen Platz suchen oder zumindest den Schreibtisch dafür freiräumen. Im Sommer können Sie draußen sitzen und Ihr Mittagessen genießen. Schöne Mitnehmrezepte (Sandwiches, Salate, Suppen und Eintöpfe) finden Sie auf den nächsten Seiten.

Tiefer entspannen

Wenn Sie nach dem Mittagessen noch Zeit haben, gönnen Sie sich eine Extra-Entspannungseinheit, um auch ihre geistig-seelischen Akkus wieder aufzuladen. Ziehen Sie sich für 15 bis 20 Minuten zurück, legen Sie sich auf eine Yogamatte oder Decke und führen Sie den Body-Scan durch (Anleitung auf Seite 20). Diese meditative Übung wirkt tiefenentspannend, beruhigt den Herzschlag und klärt den Geist. Entdecken Sie Verspannungen, spüren Sie in Ihren Körper hinein. Insbesondere nach Stresssituationen wirkt diese Übung ausgleichend und entlastend. Ihr Stress-Cortisol-Spiegel sinkt, Sie werden ruhig und können gelassen und energiegeladen in die zweite Tageshälfte starten.

NOTFALLKOFFER

Ein kleiner Notfallvorrat aus kalorienarmen Eiweiß-Snacks für Kühlschrank, Handtasche oder Büroschublade ist sehr hilfreich, wenn Sie die Pausen zwischen den Hauptmahlzeiten, insbesondere während der Umgewöhnungsphase, als zu lang empfinden.

- 1 hart gekochtes Ei – je nach Geschmack mit oder ohne Salz – wirkt unmittelbar gegen beißenden Hunger.
- 1 bis 2 Scheiben magerer Kochschinken
- 1 Becher Hüttenkäse (200 g), nach Belieben mit Süßstoff oder Stevia oder mit Gewürzen bzw. Kräutern aromatisiert
- 1 Harzer Käse (100 g), z. B. mit Essig-Öl-Zwiebel-Dressing oder mit Senf
- 1 Dose Thunfisch im eigenen Saft
- 1 Becher Magerquark (250 g)
- Rohkost (z. B. Gurkenscheiben, Paprikastreifen oder Tomaten)
- 5 Nüsse, v. a. Mandeln oder Paranüsse
- klare Suppe: Ideal sind Bouillons aus Gemüsebrühe (gibt es körnig oder als Paste). Sie können die Bouillon nach Belieben mit ein paar blättrig geschnittenen Champignons anreichern oder ein rohes Ei darin verquirlen.
- Götterspeise in verschiedenen Geschmacksrichtungen. Gesüßt wird nur mit Süßstoff oder Stevia, sonst wird die Insulinpause unterbrochen und der Erfolg der Trennkost bleibt aus.
- Eiweißriegel (gibt es u. a. zu bestellen, Adresse Seite 141)
- Ebenfalls hilfreich ist ein großes Glas Wasser oder ein Becher Tee.

Bagels mit Lachs und Käse

4 Bagels (je ca. 85 g) | ½ Bund Dill | ½ Bio-Zitrone | 100 g Magerquark | 40 g Salatmayonnaise | Salz | schwarzer Pfeffer aus der Mühle | 8 Blätter Eisbergsalat | 1 säuerlicher Apfel | edelsüßes Paprikapulver | 75 g Räucherlachs | 2 Scheiben Käse (40 g)

Für 2 Personen | 20 Min. Zubereitung
Pro Portion 652 kcal, 29 g EW, 19 g F, 90 g KH

1 Die Bagels aufschneiden und toasten. Den Dill waschen und trocken schütteln, die Blättchen abzupfen und hacken. Die Zitrone heiß abwaschen, abtrocknen und die Schale fein abreiben sowie den Saft auspressen.

2 Den Magerquark mit der Salatmayonnaise, Dill, Zitronenschale und 1 TL Zitronensaft glatt rühren. Mit Salz und Pfeffer aus der Mühle abschmecken.

3 Die Salatblätter abwaschen und trocken schütteln, in breite Streifen schneiden. Den Apfel waschen und trocken reiben, vierteln und entkernen. Die Viertel längs in Spalten schneiden und mit dem restlichen Zitronensaft beträufeln. Mit etwas Paprikapulver bestreuen.

4 Die Bagels auf den Schnittflächen mit dem gewürzten Quark bestreichen. Mit Salat und Apfelspalten belegen, je 2 Bagels zusätzlich mit Lachs und 2 Bagels mit Käse. Die Bagels zusammensetzen.

TIPP: Keine Bagels zu bekommen? Dann nehmen Sie einfach große Baguettebrötchen statt der Brötchenringe. Und wenn Sie besonders schnell abnehmen möchten, genießen Sie statt der kohlenhydratreichen Bagels Eiweißbrötchen oder das saftige Eiweißbrot mit der leckeren Füllung.

Linsen-Burger

150 g kleine grünbraune Linsen (z. B. Puy-Linsen) | 1 Zwiebel | 2 Möhren | 2 Eier | 60 g Weizengrieß | Salz | schwarzer Pfeffer aus der Mühle | 1/4 TL gemahlener Koriander | 2 EL TK-Petersilie | 2 EL Olivenöl | 4 Burger-Brötchen | 100 g fettarmer Frischkäse (5 % Fett) | 8 Salatblätter | 2 Tomaten

Für 2 Personen | 60 Min. Zubereitung
Pro Portion 800 kcal, 41 g EW, 21 g F, 108 g KH

1 Die Linsen in einem Topf mit kaltem Wasser bedecken, aufkochen und zugedeckt ca. 15 Min. garen. Inzwischen die Zwiebel und die Möhren schälen und klein würfeln. Zu den Linsen geben, alles zusammen weitere 5 Min. garen. In ein Sieb abgießen und gut abtropfen lassen.

2 Die Linsen-Gemüse-Mischung in eine Schüssel füllen, mit einem Pürierstab grob pürieren. Die Eier und den Grieß dazugeben, alles mit Salz, Pfeffer, gemahlenem Koriander und der Petersilie würzen und gut vermischen. Vier große Burger daraus formen.

3 Das Öl in einer Pfanne leicht erhitzen. Die Burger darin insgesamt ca. 10 Min. von beiden Seiten braten. Anfangs vorsichtig wenden, damit sie nicht auseinanderfallen.

4 Die Burger-Brötchen halbieren, nach Belieben rösten. Mit Frischkäse bestreichen. Salatblätter waschen und trocken schütteln, die Tomaten waschen, abtrocknen und ohne die Stielansätze in Scheiben schneiden. Brötchenhälften mit Salat, Tomaten und den Linsen-Burgern dazwischen wieder zusammensetzen.

VARIANTE: Die aus Linsen zubereiteten Burger schmecken auch warm superlecker, eignen sich also nicht allein als vegetarische Füllung für die beliebten Brötchen. Servieren Sie sie bei einer anderen Gelegenheit frisch aus der Pfanne, kombiniert mit sanft gedünstetem Gemüse und einer würzigen Tomatensauce.

Tramezzini mit Ei und Pute

75 g Naturjoghurt | 2 EL Salatmayonnaise | 1 EL Senf | 4 hart gekochte Eier | 3 EL Kapern | Salz | schwarzer Pfeffer aus der Mühle | 1 große Handvoll Rucola | 8 Scheiben Sandwich-Vollkorntoastbrot | 100 g Putenbrustaufschnitt in dünnen Scheiben | 2 Birnen

Für 2 Personen | 20 Min. Zubereitung
Pro Portion 810 kcal, 41 g EW, 25 g F, 99 g KH

1 In einer Schüssel Joghurt mit Mayonnaise und Senf verrühren. Die Eier schälen und klein würfeln. Kapern abtropfen lassen und fein hacken. Beides unter die Joghurtcreme rühren. Mit Salz und Pfeffer abschmecken.

2 Rucola waschen und gut trocken schleudern. Grobe Stiele abzwicken, welke Blätter entfernen. Bei den Sandwich-Toastscheiben die Rinde rundherum dünn abschneiden. Die Joghurt-Eier-Creme auf die Scheiben streichen.

3 Putenbrustaufschnitt auf 4 Brotscheiben verteilen. Rucola darauflegen. Die übrigen 4 Brotscheiben mit der bestrichenen Seite auf den Rucola legen. Leicht andrücken, dann diagonal halbieren. Die Birnen als süßen Anschluss genießen.

ZUM MITNEHMEN: Die Tramezzini sind toll als Lunch am Arbeitsplatz und versorgen Sie auf leckere Art mit Energie für den Nachmittag. Dieses Rezept können Sie prima variieren: Ob fettarmer Aufschnitt, magerer Käse oder Reste vom Grillhähnchen – mit einer aromatischen Creme und etwas Salat kombiniert passt vieles.

Chicken-Wraps mit Mango

75 g Mango-Chutney | 100 g fettarmer Frischkäse (0,2 % Fett) | Salz | schwarzer Pfeffer aus der Mühle | 1 TL Currypulver | 1 große grüne Paprikaschote | einige Blätter Eisbergsalat | 4 Tortillafladen (Wraps; Fertigprodukt, ca. 200 g) | 150 g Hähnchenbrust-Aufschnitt | 4 dünne Scheiben Emmentaler (ca. 100 g) | 2 große Äpfel

Für 2 Personen | 20 Min. Zubereitung
Pro Portion 676 kcal, 45 g EW, 18 g F, 82 g KH

1 Das Mango-Chutney mit dem Frischkäse verrühren und mit Salz, Pfeffer und Currypulver pikant abschmecken.

2 Die Paprikaschote waschen, putzen und entkernen, dann längs in sehr feine Streifen schneiden. Die Salatblätter waschen, trocken schütteln und in Streifen schneiden.

3 Die Tortillafladen ausbreiten, falls gewünscht nach Packungsaufschrift erwärmen, und mit Chutney-Frischkäse bestreichen. Hähnchen- und Käsescheiben mittig darauflegen, dann auch die Paprika- und die Salatstreifen.

4 Den unteren Rand der Tortillafladen nach oben über die Füllung schlagen, dann die Fladen von einer Seite beginnend aufrollen. Für ein Essen unterwegs die Wraps verpacken, die Äpfel zur Nachspeise essen.

Kartoffelsalat mit Räucherfisch

700 g festkochende Kartoffeln | Salz | 1 grüne Paprikaschote | 250 g Räucherfisch-Filet (z. B. Makrele oder Forelle) | 1 kleine Dose Kidneybohnen (ca. 240 g Abtropfgewicht) | 250 g Naturjoghurt | 3 EL Salatcreme (25 % Fett; ca. 50 g) | schwarzer Pfeffer aus der Mühle | ½ Bund Schnittlauch | 1 Becher Rote Grütze (Fertigprodukt; 500 g)

Für 2 Personen | 45 Min. Zubereitung
Pro Portion 760 kcal, 40 g EW, 11 g F, 110 g KH

1 Die Kartoffeln waschen und ungeschält in Wasser gerade eben gar kochen. Abgießen und noch heiß pellen, ein wenig abkühlen lassen und in Scheiben schneiden.

2 Die Paprikaschote waschen, putzen, entkernen und würfeln oder in Streifen schneiden. Den Räucherfisch klein schneiden. Die Kidneybohnen in ein Sieb abgießen, kalt abspülen und gut abtropfen lassen. Alles zu den Kartoffeln geben.

3 Für das Dressing den Joghurt mit der Salatcreme verquirlen. Mit Salz und Pfeffer abschmecken. Vorsichtig mit den vorbereiteten Zutaten vermengen. Den Schnittlauch waschen und trocken schütteln, in Röllchen schneiden und über den Salat streuen. Die Rote Grütze als süßen Nachtisch löffeln.

TIPP: Zwar steckt in Fischsorten wie Makrelen oder Lachs nicht gerade wenig Fett, dafür ist das aber bei diesen Meeresbewohnern von der gesunden Art. Fischfett (Fischöl) enthält nämlich viele Omega-3-Fettsäuren, die das (schlechte) LDL-Cholesterin und die Blutfettwerte ganz allgemein senken.

Kaki-Frisée-Salat mit Ziegenkäse

6 kleine Ziegen-Frischkäsetaler (je 25 g) | 4 EL Pinienkerne | 4 Kaki- oder Sharon-Früchte | 1 Kopf Friséesalat | 3 EL Apfelessig | 2–3 EL Apfeldicksaft (Reformhaus; ersatzweise flüssiger heller Honig oder Agavendicksaft) | Salz | schwarzer Pfeffer aus der Mühle | 3 EL Öl | 2 EL Brühe | 2 Baguettebrötchen (je ca. 60 g)

Außerdem: evtl. Gratinform

Für 2 Personen | 20 Min. Zubereitung
Pro Portion 725 kcal, 21 g EW, 30 g F, 93 g KH

1 Den Backofen auf 225° (Umluft 210°) vorheizen. Die Frischkäsetaler auf ein mit Backpapier ausgelegtes Blech oder in eine Gratinform legen. In den aufgeheizten Ofen (Mitte) stellen und etwa 5 Min. erwärmen.

2 Inzwischen die Pinienkerne in einer kleinen beschichteten Pfanne ohne Zugabe von Fett goldbraun rösten. Beiseitestellen.

3 Die Früchte waschen, atrocknen und vom Stiel- und Blattansatz befreien, dann in Scheiben schneiden, nach Belieben die Scheiben halbieren oder vierteln. Den Friséesalat waschen, putzen und gut trocken schleudern, mundgerecht zerzupfen.

4 Den Apfelessig mit 1 EL Apfeldicksaft, Salz und Pfeffer verrühren, das Öl mit einem Schneebesen gründlich darunterschlagen. Brühe einrühren und das Dressing abschmecken.

5 Pinienkerne, Früchte und Salat in dem Dressing wenden. Auf Teller verteilen, jeweils 3 Käsetaler dazugeben und den restlichen Apfeldicksaft über die Taler träufeln. Die Baguettebrötchen dazu genießen.

Pasta-Salat mit Kichererbsen

200 g kurze Makkaroni | Salz | 4 Tomaten | 1 Dose Kichererbsen (400 g Inhalt) | 100 g Hähnchenbrust-Aufschnitt | 4 EL Weinessig | ½–1 TL Senf | schwarzer Pfeffer aus der Mühle | 3 EL Olivenöl | 2 EL Gemüsebrühe | ½ Bund Basilikum | 2 EL gehackte Mandeln

Für 2 Personen | 30 Min. Zubereitung
Pro Portion 730 kcal, 33 g EW, 25 g F, 93 g KH

1 Makkaroni gemäß Packungsbeschreibung in Salzwasser bissfest garen. Inzwischen die Tomaten waschen und ohne die Stielansätze in Spalten schneiden, eventuell zusätzlich entkernen. Die Kichererbsen in ein Sieb abgießen, kalt abspülen und gut abtropfen lassen. Den Hähnchenbrust-Aufschnitt in Streifen schneiden.

2 Den Weinessig mit Senf, Salz und Pfeffer verrühren, das Öl mit einem Schneebesen darunterschlagen. Die Brühe unterrühren und das Dressing abschmecken.

3 Basilikum waschen und trocken schütteln, die Blättchen in Streifen schneiden. Die Mandeln in einer kleinen Pfanne ohne Zugabe von Fett goldbraun rösten.

4 Die Nudeln in ein Sieb abgießen und mit kaltem Wasser abspülen, damit sie nicht weitergaren. Gut abtropfen lassen, mit den übrigen vorbereiteten Zutaten mischen.

VEGGIE-VARIANTE: Statt der Hähnchenbrust würzigen Schnittkäse wie Emmentaler oder Bergkäse in Streifen schneiden und mit den anderen Zutaten mischen. Auch Räuchertofu passt übrigens gut.

Zitronenfrischer Hirsesalat

750 ml Gemüsebrühe | 200 g Hirse | 300 g TK-Gemüsemischung Erbsen & Karotten | 1 Bund Zitronenmelisse | 1 kleine Bio-Zitrone | 1 großer säuerlicher Apfel | 1 EL Apfeldicksaft (Reformhaus; ersatzweise Ahornsirup oder heller Honig) | 2 EL Rapsöl | 1 EL Walnussöl | Salz | schwarzer Pfeffer aus der Mühle | Anis

Für 2 Personen | 30 Min. Zubereitung
Pro Portion 665 kcal, 22 g EW, 20 g F, 97 g KH

1 Die Gemüsebrühe in einem kleinen Topf aufkochen. Die Hirse einstreuen und zugedeckt bei schwacher Hitze 10 Min. garen. Das TK-Gemüse dazugeben, die Mischung wieder aufkochen und zugedeckt bei schwacher Hitze noch ca. 5 Min. garen.

2 Inzwischen die Zitronenmelisse waschen und trocken schütteln. Die Blättchen in feine Streifen schneiden. Die Zitrone heiß abwaschen und abtrocknen, 1 TL Schale abreiben, den Saft auspressen. Den Apfel waschen und abreiben, achteln und entkernen, dann in Streifen schneiden und mit etwas Zitronensaft beträufeln.

3 Den übrigen Zitronensaft mit der Zitronenschale und dem Dicksaft verrühren, beide Ölsorten mit einem Schneebesen darunterschlagen. Mit Salz, Pfeffer und 1 Prise Anis würzig abschmecken.

4 Die Hirse-Gemüse-Mischung in ein Sieb abgießen und abtropfen lassen. In dem Dressing wenden. Die Zitronenmelisse und die Apfelstreifen untermischen, den Salat abschmecken. Lauwarm oder kalt genießen.

Kartoffel-Curry-Eintopf

600 g festkochende Kartoffeln | 1 Gemüsezwiebel | 2 EL Öl | 1 EL Currypulver | 500 ml Gemüsebrühe | 100 g kleine grünbraune Linsen (Puy-Linsen) | 250 g Aprikosen | 1–2 EL gemischte TK-Kräuter | Salz | schwarzer Pfeffer aus der Mühle | 2 EL Kokosnuss-Chips | 2 Scheiben Vollkornbrot (ca. 100 g)

Für 2 Personen | 35 Min. Zubereitung
Pro Portion 670 kcal, 25 g EW, 19 g F, 98 g KH

1 Die Kartoffeln schälen, waschen und in mundgerechte Würfel schneiden. Die Gemüsezwiebel schälen und klein würfeln.

2 Das Öl in einem Topf leicht erhitzen, die Zwiebeln darin glasig werden lassen. Das Currypulver darüberstreuen und unter Rühren anschwitzen. Mit der Gemüsebrühe ablöschen.

3 Kartoffeln und die Puy-Linsen einrühren, aufkochen und zugedeckt bei schwacher Hitze ca. 20 Min. köcheln lassen.

4 Die Aprikosen waschen und vierteln, dabei entsteinen. Aprikosenstücke unter den Eintopf rühren, die Kräuter ebenfalls untermischen. Den Eintopf mit Salz und Pfeffer abschmecken. Zum Servieren die Kokosnuss-Chips darüberstreuen und das Vollkornbrot dazu genießen.

INFO: Puy-Linsen
Sie sind klein und fein, überzeugen durch ein leicht nussiges Aroma und sind viel schneller gar als unsere gewohnten braunen Tellerlinsen. Die können Sie natürlich ebenfalls verwenden, müssen dann aber eine längere Kochzeit einplanen.

Erbsensuppe mit Hähnchenbrust

1 mehligkochende Kartoffel (ca. 125 g) | 1 Zwiebel | 1 TL Butter | 350 ml Hühnerbrühe | 250 g TK-Erbsen | 150 g Hähnchenbrustfilet | 1 EL Öl | Salz | schwarzer Pfeffer aus der Mühle | 2 EL Schmand | 4 Scheiben Vollkorntoastbrot | 2 Pfirsiche

Außerdem: 2 Metall- oder Holzspieße

Für 2 Personen | 35 Min. Zubereitung
Pro Portion 795 kcal, 57 g EW, 21 g F, 92 g KH

1 Die Kartoffel waschen und schälen, die Zwiebel schälen, beides in grobe Würfel schneiden. Die Butter in einem Topf zerlassen, Kartoffel- und Zwiebelwürfel darin leicht anschwitzen, ohne dass sie Farbe annehmen. Mit der Brühe ablöschen.

2 Die Erbsen dazugeben, alles aufkochen und zugedeckt bei schwacher Hitze 15 Min. köcheln lassen.

3 Inzwischen das Hähnchenfleisch kalt abwaschen und abtrocknen, in schmale Streifen oder kleine Würfel schneiden und auf die Spieße reihen. Das Öl in einer Pfanne erhitzen, die Spieße rundherum scharf anbraten, salzen und pfeffern und bei schwacher Hitze noch ca. 8 Min. braten, zwischendurch mehrmals wenden.

4 Die Suppe im Mixer oder mit einem Pürierstab pürieren. Wieder aufkochen. Den Schmand einrühren, alles mit Salz und Pfeffer abschmecken. Die Spieße zum Servieren drauflegen. Geröstete Toastscheiben dazureichen und die Pfirsiche als fruchtigen Abschluss genießen.

TURBO-TIPP: Schneller geht's, wenn Sie die Hähnchenstreifen oder -würfel nicht aufspießen, sondern im heißen Öl rundherum einige Minuten bräunen und dann auf die Suppe geben.

Möhrenquiche und Heidelbeerquark

Für die Quiche (Springform 16–18 cm Ø): 100 g Weizenmehl Type 1050 | 40 g kalte Butter, gewürfelt | 150 g saure Sahne | Salz | 1 kleine Lauchstange | 200 g Möhren | 2 Eier | schwarzer Pfeffer aus der Mühle | ½ Bund Basilikum

Für den Heidelbeerquark: 500 g Magerquark | 2 EL Zucker | 1 Päckchen Vanillezucker | 300 g Heidelbeeren

Für 2 Personen | ◷ 30 Min. Zubereitung + 30 Min. Backen
Pro Portion 830 kcal, 51 g EW, 31 g F, 82 g KH

1 Mehl mit Butter, 1 EL saurer Sahne und ½ TL Salz zu einem glatten Teig verkneten. Tropfenweise kaltes Wasser unterkneten, bis der Teig gut zusammenhält. Springformboden mit zugeschnittenem Backpapier auslegen. Den Teig darauf auseinanderdrücken, dabei einen etwa 2 cm hohen Rand formen. Die Form kalt stellen.

2 Backofen auf 200° vorheizen. Den Lauch putzen, aufschlitzen und waschen, in 3 cm lange Stücke, diese quer in feine Streifen schneiden. Möhren schälen und längs halbieren, quer in dünne Scheiben schneiden. Das Gemüse in Salzwasser 5 Min. kochen, in einem Sieb sehr gut abtropfen lassen.

3 Die restliche saure Sahne mit den Eiern verquirlen, mit Salz und Pfeffer würzen. Basilikumblätter fein schneiden und unter die Eiersahne rühren. Das Gemüse auf dem Teigboden verteilen, die Eiersahne darübergießen, die Quiche im heißen Ofen (Mitte, Umluft 180°) etwa 30 Min. backen.

4 Inzwischen für den Nachtisch den Quark mit Zucker und Vanillezucker verrühren. Die Beeren waschen, abtropfen lassen, verlesen und unter den Quark mischen.

Flammkuchen Tex-Mex

1 Rolle backfertiger Flammkuchenteig (Kühlregal; ca. 260 g) | 1 TL Öl | 200 g Rinderhackfleisch | Salz | schwarzer Pfeffer aus der Mühle | 2 TL gemahlener Kreuzkümmel | 1 Dose Mais (400 g) | 150 g saure Sahne | 4 geröstete eingelegte Paprika (aus dem Glas) | 2 EL gehackte Petersilie

Für 2 Personen | ◷ 20 Min. Zubereitung + 12 Min. Backen
Pro Portion 790 kcal, 38 g EW, 29 g F, 92 g KH

1 Den Backofen auf 250° (Umluft 225°) vorheizen. Den Flammkuchenteig mit dem in der Packung enthaltenen Backpapier auf einem Backblech ausbreiten.

2 Das Öl in einer Pfanne erhitzen. Das Hackfleisch darin bei starker Hitze rundum krümelig anbraten. Mit Salz, Pfeffer und dem Kreuzkümmel würzen. Den Mais abtropfen lassen und dazugeben. Die gesamte Feuchtigkeit verdampfen lassen.

3 Saure Sahne mit etwas Salz und Pfeffer verrühren, auf den Teig streichen. Die Hackfleisch-Mais-Masse darauf verteilen.

4 Eingelegte Paprika in Streifen schneiden und ebenfalls auf den Flammkuchen geben. Alles im Ofen (unten) etwa 12 Min. backen. Mit Petersilie bestreut servieren.

Petersilien-Gnocchi mit Safranpilzen

1 Paket Kartoffelknödelteig (750 g; Kühlregal) | 1 Päckchen TK-Petersilie | Salz | 250 g braune Champignons | 1 EL Butter | 100 g magere Räucherschinken-Würfel | 100 ml Fleischbrühe (Instant) | 150 g Schmand | 1 Döschen gemahlener Safran | schwarzer Pfeffer aus der Mühle

Für 2 Personen | 40 Min. Zubereitung
Pro Portion 700 kcal, 21 g EW, 25 g F, 97 g KH

1 Den Kartoffelknödelteig in einer Schüssel mit der Petersilie verkneten. Auf einem Brett zu gut daumendicken Rollen formen, in etwa 4 cm lange Stücke schneiden.

2 Reichlich Salzwasser in einem breiten Topf zum Kochen bringen. Die Gnocchi hineingeben und einmal aufkochen, die Hitze reduzieren und die Gnocchi bei schwacher Hitze ca. 10 Min. gar ziehen lassen.

3 Inzwischen die Champignons kurz waschen oder mit einem feuchten Tuch abreiben. Die Pilze in Scheiben schneiden. Die Butter in einer Pfanne zerlassen, die Räucherschinken-Würfel darin kurz anbraten. Die Champignons dazugeben und mit anbraten.

4 Brühe und Schmand zu den Pilzen geben, dann auch den Safran einrühren. Alles mit Salz und Pfeffer abschmecken. Die Petersilen-Gnocchi mit einer Schaumkelle aus dem Wasser heben und sehr gut abtropfen lassen, zusammen mit den Pilzen anrichten.

Kartoffeltaler mit Mango-Joghurt-Salsa

1 Paket Kartoffelknödelteig (750 g; Kühlregal) | 2 Eier | 60 g gemischte Getreideflocken | 2 EL Röstzwiebeln | 1 TL getrockneter Thymian | Salz | Muskatnuss | 2 EL Öl | 1 Mango | 1 Chilischote | 2–3 Schalotten | 150 g Naturjoghurt | schwarzer Pfeffer aus der Mühle | ¼ TL gemahlener Kreuzkümmel

Für 2 Personen | 30 Min. Zubereitung
Pro Portion 830 kcal, 21 g EW, 22 g F, 130 g KH

1 Den Kartoffelknödelteig in einer Schüssel mit den Eiern, Getreideflocken, Röstzwiebeln und dem Thymian vermischen, mit Salz und Muskatnuss herzhaft würzen. Eine etwa 6 cm dicke Rolle daraus formen, in 2–3 cm dicke Scheiben schneiden.

2 Das Öl in einer großen beschichteten Pfanne erhitzen. Die Kartoffeltaler darin bei mittlerer Hitze von jeder Seite etwa 5 Min. goldbraun braten. Vorsichtig wenden, damit die Taler gut zusammenhalten.

3 Inzwischen die Mango schälen, das Fruchtfleisch vom Stein schneiden und klein würfeln. Die Chilischote waschen, putzen und entkernen, fein hacken. Die Schalotten schälen und fein würfeln. Alles mit dem Joghurt verrühren, mit Salz, Pfeffer und Kreuzkümmel abschmecken. Die Salsa zusammen mit den gebratenen Kartoffeltalern anrichten.

TIPPS:

- Nur in eine große Pfanne passen alle Kartoffeltaler nebeneinander hinein. Alternativ nehmen Sie zwei kleinere Pfannen oder braten die Taler in zwei Portionen.
- Die Kartoffeltaler schmecken auch kalt sehr lecker und können – zusammen mit der Salsa – am nächsten Tag ins Büro mitgenommen werden.

Grüne Sauce mit Ei und Miniknödeln

2 Eier | 1 großes Bund gemischte Kräuter (siehe Tipp) | 100 g saure Sahne | 50 g fettarmer Frischkäse (0,2 % Fett) | 1 EL Weißweinessig | Salz | schwarzer Pfeffer aus der Mühle | 1 Paket fertiger Semmelknödelteig (500 g; Kühlregal) | 500 g Erdbeeren | 50 g Löffelbiskuits oder Amaretti

Für 2 Personen | 35 Min. Zubereitung
Pro Portion 747 kcal, 31 g EW, 23 g F, 99 g KH

1 Die Eier in 8–10 Min. hart kochen. Inzwischen die Kräuter verlesen, waschen und gut trocken schütteln. Kräuter ohne die groben Stiele fein hacken, mit saurer Sahne, Frischkäse und Essig verrühren.

2 Die hart gekochten Eier kalt abschrecken, schälen, klein würfeln und unter die Kräutersauce rühren. Mit Salz und Pfeffer abschmecken.

3 Aus dem Knödelteig kleine Klöße (etwa so groß wie Tischtennisbälle) formen. In reichlich kochendes Salzwasser geben, die Hitze reduzieren und die Klößchen bei schwacher Hitze 10–15 Min. garen.

4 Die Knödelchen gut abtropfen lassen, zusammen mit der grünen Sauce anrichten. Die Erdbeeren waschen, putzen und mit den Löffelbiskuits oder Amaretti als süßen Nachtisch naschen.

TIPP: Grüne Sauce wird in Frankfurt und Umgebung gern zu Pellkartoffeln serviert. Gewöhnlich ist sie eine recht kalorienreiche Angelegenheit, diese Variante ist deutlich figurfreundlicher. Ob Original oder Variante: Mindestens 7 verschiedene Kräuter gehören hinein. Meist sind es Petersilie, Schnittlauch, Sauerampfer, Kerbel, Kresse, Pimpinelle und Borretsch, aber auch Zitronenmelisse, Estragon oder Liebstöckel passen.

Bauerngröstl und Beeren-Biskuit-Becher

700 g festkochende Kartoffeln | Salz | 1 große Zwiebel | einige Zweige Majoran | 2 EL Olivenöl | schwarzer Pfeffer aus der Mühle | 1 Lorbeerblatt | 75 g Bergkäse | 5–7 EL Gemüsebrühe | 50 g Löffelbiskuits | 400 g Heidelbeeren oder Himbeeren

Für 2 Personen | 55 Min. Zubereitung
Pro Portion 680 kcal, 23 g EW, 24 g F, 89 g KH

1 Die Kartoffeln gründlich waschen und abbürsten. Zugedeckt in wenig Salzwasser gar kochen. Abgießen und etwas abkühlen lassen, noch warm pellen und dann auskühlen lassen, anschließend in Scheiben schneiden.

2 Die Zwiebel schälen und in kleine Würfel schneiden. Den Majoran kalt waschen und trocken schütteln, die Blättchen abzupfen. Das Öl in einer breiten Pfanne erhitzen, die Zwiebeln darin anbraten. Die Kartoffeln dazugeben, mit Majoran, Salz, Pfeffer und Lorbeer würzen, alles bei mittlerer Hitze etwa 15 Min. braten, bis die Kartoffeln braun werden, gelegentlich umrühren.

3 Den Käse würfeln, zusammen mit der Brühe zu den Kartoffeln geben, alles noch kurz vermischen, abschmecken und heiß servieren, das Lorbeerblatt dazu entfernen.

4 Für den Nachtisch die Biskuits grob zerbröckeln. Die Beeren verlesen und kurz abbrausen, beides in Gläser schichten.

TIPP: »Gröstl« stammt aus Tirol und ist dort eigentlich eine Resteverwertung. Traditionell kommen mageres gekochtes Rindfleisch oder Reste vom Schweinebraten mit hinein.

Linsen-Chili mit gebackenen Kartoffeln

4 große Kartoffeln (je 150–200 g) | 1 Zwiebel | 2 Möhren | 2 Stangen Sellerie | 1 Chilischote | 2 EL Olivenöl | 150 g braune Tellerlinsen | ¼ l Gemüsebrühe | 1 kleine Dose Maiskörner (140 g) | Salz, Pfeffer aus der Mühle | ¼ TL gemahlener Kreuzkümmel | Tabasco | 2 EL saure Sahne | etwas Koriandergrün oder Petersilie

Außerdem: Alufolie

Für 2 Personen | 65 Min. Zubereitung
Pro Portion 655 kcal, 28 g EW, 18 g F, 94 g KH

1 Die Kartoffeln gründlich waschen, einzeln in Alufolie wickeln und bei 200° in den Backofen (Mitte, Umluft 180°) legen und etwa 60 Min. garen.

2 Inzwischen die Zwiebel und die Möhren schälen. Den Sellerie waschen und putzen. Alles sehr klein würfeln. Die Chilischote waschen, putzen und entkernen, in feine Ringe schneiden oder ganz fein hacken.

3 Das Öl in einem Topf erhitzen, Zwiebeln, Möhren, Sellerie und die Chilischote darin rundherum etwa 2 Min. bei mittlerer Hitze anbraten.

4 Die Linsen und die Brühe zum Gemüse in den Topf geben, dann auch den Mais einrühren. Alles bei starker Hitze aufkochen, dann zugedeckt bei schwacher Hitze 30–45 Min. köcheln lassen. Die Linsen sollen gar, aber nicht zu weich werden.

5 Die Kartoffeln auswickeln, oben einschneiden und etwas auseinanderdrücken, auf Teller setzen. Das Linsen-Chili mit Salz, Pfeffer, Kreuzkümmel und einigen Tropfen Tabasco pikant abschmecken und zu den Kartoffeln geben.

6 Jeweils etwas saure Sahne auf das Linsen-Chili geben. Die Kräuter waschen, trocken schütteln und grob zerschneiden, obenauf streuen.

TIPP: Sie haben nur wenig Zeit? Ofenkartoffeln gibt es mittlerweile fertig zu kaufen. Sie finden die eingeschweißten vorgegarten Riesenkartoffeln im Kühlregal. Oder Sie garen 600 g kleine neue Kartoffeln in Salzwasser, das dauert nur 20–25 Minuten, und genießen diese zum Chili.

TIPP: So wird's ein Gericht zum Mitnehmen – bereiten Sie statt Linsen-Chili einen Linsensalat zu. Dafür 150 g Linsen in ¼ l Gemüsebrühe garen, wie im Rezept links beschrieben. Inzwischen 600 g Kartoffeln und 2 Möhren schälen und getrennt in feine Stifte schneiden, dann (ebenfalls getrennt) in wenig Salzwasser nicht zu weich garen. Kartoffeln, Möhren und Linsen jeweils abtropfen und etwas abkühlen lassen. 2–3 Stangen Staudensellerie in feine Scheiben schneiden, 1 kleine Dose Maiskörner abtropfen lassen. Staudensellerie und Mais mit Kartoffeln, Möhren und Linsen mischen.
Aus ⅛ l Gemüsebrühe, 2–3 EL Olivenöl und 5–6 EL Apfelessig ein Dressing anrühren, mit den vorbereiteten Zutaten vermengen. Den Linsensalat mit Salz, Pfeffer und getrockneten Chilibröseln pikant abschmecken, in Kunststoffdosen verpacken und so mit an den Arbeitsplatz nehmen.

Möhren mit Tofu-Bärlauch-Creme

200 g Reis | Salz | 500 g Möhren | 1 EL Butter | 150–175 ml Gemüsebrühe | 1 kleine Bio-Zitrone | 1 Bund Bärlauch | 200 g Natur-Tofu | 2 EL geröstete Erdnusskerne | Pfeffer aus der Mühle

Für 2 Personen | 30 Min. Zubereitung
Pro Portion 655 kcal, 28 g EW, 21 g F, 88 g KH

1 Den Reis in Salzwasser in etwa 16 Min. garen. Die Möhren waschen und schälen, schräg in dünne Scheiben schneiden. Die Butter in einem Topf zerlassen, die Möhren darin anschwitzen. 125 ml Gemüsebrühe angießen, die Möhren zugedeckt bei mittlerer Hitze in 8–10 Min. bissfest dünsten.

2 Inzwischen die Zitrone heiß abwaschen und trocken reiben. Die Schale abreiben oder mit einem Zestenreißer abziehen, den Saft auspressen.

3 Den Bärlauch waschen und trocken schütteln, sorgfältig verlesen und die groben Stiele abzwicken. Einige zarte Blätter beiseitelegen, den restlichen Bärlauch zusammen mit dem Tofu und dem Zitronensaft pürieren. Dabei nach und nach etwas Brühe untermixen, bis eine gleichmäßige Creme entstanden ist.

4 Den beiseitegelegten Bärlauch und die Erdnusskerne hacken, mit der Zitronenschale mischen. Die Bärlauchcreme mit Salz und Pfeffer abschmecken. Die Möhren mit dem Sud auf tiefe Teller geben. Die Creme dazugeben, die gehackte Bärlauch-Erdnuss-Zitronen-Mischung darüberstreuen. Den Reis dazu genießen.

Sauerkraut-Schinken-Puffer mit Salsa

1 grüne Paprikaschote | 2 Tomaten | Salz | Pfeffer aus der Mühle | Chilibrösel | 3 EL Olivenöl | 2 EL Weinessig | 250 g Kartoffeln | 2 Eier | 3 EL gemahlene Mandeln (20 g) | gemahlener Kümmel | 1 Dose Weinsauerkraut (ca. 285 g Abtropfgewicht) | 2–3 EL Mandelstifte (20 g) | 75 g klein gewürfelter magerer Räucherschinken | 2 EL Mehl

Für 2 Personen | 30 Min. Zubereitung
Pro Portion 580 kcal, 26 g EW, 34 g F, 35 g KH

1 Paprika und Tomaten waschen und abtrocknen. Paprika putzen, entkernen und in sehr feine Würfel schneiden. Die Tomaten entkernen und ohne die Stielansätze ebenfalls fein würfeln. Beides mit Salz, Pfeffer, 1 Prise Chilibröseln, 1 EL Olivenöl und dem Weinessig verrühren, pikant abschmecken.

2 Kartoffeln schälen, waschen und raspeln. In einer Schüssel die Eier mit gemahlenen Mandeln, Salz, Pfeffer und etwas Kümmel verquirlen. Das Sauerkraut gut ausdrücken und unter die Eier mengen, dann Kartoffeln, Mandelstifte, Schinken und Mehl untermischen.

3 Das restliche Öl in einer beschichteten Pfanne erhitzen. Die Sauerkrautmasse darin beidseitig zu goldbraunen Puffern braten. Mit der Paprikasalsa servieren.

TIPP: Eine andere feine Begleitung zu den ungewöhnlichen Puffern ist ein Kräuterdip. Dafür 250 g Magerquark mit etwas Mineralwasser cremig rühren, mit Salz, Pfeffer und Paprikapulver würzen. Reichlich gehackte Kräuter untermischen.

Gemüse-Hähnchen-Couscous und Erdbeereis

2 kleine rote Zwiebeln | 1 rote Paprikaschote | ½ kleine Aubergine | 1 kleiner Zucchino | 4 Zweige Thymian | 2 Zweige Rosmarin | 150 g Instant-Couscous | 1 Prise Zimtpulver | ½ TL Kurkuma (ersatzweise mildes Currypulver) | 250 g Hähnchenbrustfilet | 2 EL Olivenöl | Salz, Pfeffer aus der Mühle | 1 Bio-Zitrone | 500 g Erdbeeren | nach Belieben etwas Stevia (Süßstoff) | 200 g Erdbeereis

Für 2 Personen | 35 Min. Zubereitung
Pro Portion 712 kcal, 46 g EW, 16 g F, 93 g KH

1 Zwiebeln schälen, Paprika waschen, mit einem Sparschäler dünn schälen und putzen. Aubergine und Zucchino waschen und putzen. Alles klein schneiden. Kräuter waschen und trocken schütteln. Ein wenig zum Garnieren beiseitelegen, vom Rest Blättchen/Nadeln abzupfen und hacken.

2 Etwa 175 ml Wasser aufkochen und über den Couscous gießen. Diesen mit Zimt und Kurkuma würzen, 5 Min. quellen lassen.

3 Das Hähnchenfilet kalt waschen, trocken tupfen und schnetzeln. 1 EL Öl in einer Pfanne erhitzen, das Fleisch darin 1–2 Min. goldbraun anbraten. Salzen und pfeffern und aus der Pfanne nehmen.

4 Das restliche Öl in der Pfanne erhitzen. Das Gemüse unter Rühren 3–5 Min. bei mittlerer Hitze braten, mit Salz, Pfeffer und den Kräutern würzen. Couscous und Hähnchen untermischen, alles 1–2 Min. unter Rühren erhitzen. Etwas Wasser angießen, falls die Mischung zu trocken ist. Zum Servieren Zitronensaft darüberträufeln. Die übrige Zitrone ebenso wie die beiseitegelegten Kräuter zum Garnieren verwenden.

5 Für den Nachtisch die Erdbeeren waschen und putzen, dann klein schneiden und nach Belieben mit etwas Stevia süßen. Mit dem Erdbeereis genießen.

Grüne Schupfnudel-Hähnchen-Pfanne

250 g Hähnchenbrustfilet | 4 EL Mandelblättchen | 2 EL Öl | Salz | schwarzer Pfeffer aus der Mühle | gemahlener Koriander | 400 g Schupfnudeln (Kühlregal) | 250 g TK-Brokkoli | 250 g TK-Erbsen | 2 knackige Äpfel

Für 2 Personen | 25 Min. Zubereitung
Pro Portion 784 kcal, 51 g EW, 20 g F, 97 g KH

1 Das Hähnchenbrustfilet kalt abwaschen und trocken tupfen. In kleine Würfel oder in Streifen schneiden. Eine beschichtete Pfanne erhitzen, die Mandeln darin goldbraun rösten. Aus der Pfanne nehmen.

2 1 EL Öl in der Pfanne erhitzen, das Hähnchen darin rundherum 2–3 Min. goldbraun anbraten. Mit Salz, Pfeffer und Koriander würzen, aus der Pfanne nehmen und beiseitestellen.

3 Das übrige Öl in der Pfanne erhitzen, die Schupfnudeln darin bei mittlerer Hitze rundherum goldbraun braten.

4 Den Brokkoli und die Erbsen in kochendes Salzwasser geben und darin ca. 5 Min. garen. Das Gemüse in ein Sieb abgießen und gut abtropfen lassen.

5 Unter die angebratenen Schupfnudeln das abgetropfte Gemüse mischen, auch das Hähnchen wieder in die Pfanne geben. Alles noch 1–2 Min. zusammen braten, dann mit den gerösteten Mandelblättchen bestreut servieren. Die Äpfel als Nachtisch genießen.

Bandnudeln mit Mohn

250 g Putenbrustfilet | 1 Bund Frühlingszwiebeln | 1 Handvoll Kerbel | Salz | 1 Paket frische Bandnudeln (300 g; Kühlregal) | 2 EL Butter | schwarzer Pfeffer aus der Mühle | getrocknete zerbröselte Chilischoten | 2–3 EL gemahlener Mohn

Für 2 Personen | 30 Min. Zubereitung
Pro Portion 730 kcal, 48 g EW, 23 g F, 80 g KH

1 Das Putenbrustfilet abwaschen und trocken tupfen, fein schnetzeln. Die Frühlingszwiebeln waschen und in sehr feine schräge Ringe schneiden. Den Kerbel verlesen, ganz kurz mit kaltem Wasser abspülen, trocken schütteln und grob hacken.

2 Reichlich Salzwasser für die Nudeln zum Kochen bringen. Die Nudeln darin nach der Packungsbeschreibung bissfest garen. Inzwischen ½ EL Butter in einer breiten Pfanne erhitzen, das Fleisch etwa 1 Min. rundherum goldbraun braten. Mit Salz, Pfeffer und 1 Prise Chili würzen, aus der Pfanne nehmen.

3 Die restliche Butter in der Pfanne zerlassen, Frühlingszwiebeln darin anschwitzen. Mohn, Kerbel und das Fleisch untermischen, mit etwas Salz und Pfeffer würzen.

4 Die Nudeln in ein Sieb abgießen und gut abtropfen lassen, in der Pfanne mit den übrigen Zutaten mischen und alles sofort genießen.

TIPP: Frische Nudeln werden immer beliebter, seit einiger Zeit gibt es sie abgepackt im Kühlregal größerer Supermärkte. Wenn Sie keine bekommen, kochen Sie 250 g getrocknete Bandnudeln bissfest und mischen diese nach dem Abtropfen unter die Puten-Frühlingszwiebel-Mischung.

Spaghetti mit Tomaten-Kapern-Sauce

1 kleines Glas Kapern (etwa 50 g) | 50 g schwarze oder grüne Oliven | 1–2 rote Chilischoten | 3 Sardellenfilets | 1 Knoblauchzehe | 3 EL Olivenöl | 1 Dose geschälte gehackte Tomaten (400 g) | Salz | schwarzer Pfeffer aus der Mühle | 250 g Spaghetti | 1 Päckchen TK-Petersilie oder einige Stängel frische Petersilie

Für 2 Personen | 30 Min. Zubereitung
Pro Portion 750 kcal, 21 g EW, 27 g F, 102 g KH

1 Die Kapern abtropfen lassen, den Sud dabei auffangen. Die Oliven entsteinen, die Chilischoten waschen, putzen und entkernen. Alles fein hacken.

2 Die Sardellenfilets kalt abbrausen, den Knoblauch schälen, beides im Mörser zerdrücken, dabei nach und nach das Öl darunter arbeiten. Die Mischung in einen Topf geben und unter Rühren erhitzen.

3 Die Kapern-Mischung und die Tomaten einrühren, die Sauce mit Salz und Pfeffer würzen und offen bei schwacher Hitze 15 Min. leicht einkochen lassen.

4 Inzwischen die Spaghetti in reichlich Salzwasser al dente kochen und anschließend gut abtropfen lassen.

5 Frische Petersilie, falls verwendet, waschen und die Blättchen klein schneiden. Die Petersilie unter die Tomaten-Kapern-Sauce rühren, diese mit Salz, Pfeffer und etwas Kapernsud würzig abschmecken, sofort mit den Spaghetti servieren.

Chinapfanne mit Reisnudeln

200 g Reisbandnudeln | Salz | 2 Stangen Zitronengras | 1 Knoblauchzehe | 1 EL Öl | 1 EL Chinagewürz, Garam Masala oder Curry | 300 g mageres Rinderhackfleisch | 200 g frische Mungobohnensprossen | 1 Glas Bambussprossen in Streifen (ca. 175 g Abtropfgewicht) | 4 EL helle Sojasauce | Szetschuan-Pfeffer oder schwarzer Pfeffer aus der Mühle | 1 Frühlingszwiebel

Für 2 Personen | 30 Min. Zubereitung
Pro Portion 780 kcal, 44 g EW, 26 g F, 91 g KH

1 Die Reisbandnudeln in Stücke brechen, nach der Packungsbeschreibung in kaltem Wasser einweichen, anschließend in kochendem Salzwasser bissfest garen.

2 Inzwischen das Zitronengras waschen und trocken schütteln. Die Stielansätze und die äußeren Blätter entfernen, die Zitronengrasstangen dann in sehr feine Scheiben schneiden. Den Knoblauch schälen und würfeln.

3 Das Öl in einem Wok oder in einer breiten Pfanne erhitzen, Zitronengras und gehackten Knoblauch darin leicht anbraten. Chinagewürz, Garam Masala oder Curry einrühren und kurz anschwitzen, dann das Rinderhackfleisch dazugeben und krümelig anbraten.

4 Die Mungobohnensprossen in einem Sieb kalt abspülen. Die Bambussprossen dazugeben und beides gut abtropfen lassen. Das abgetropfte Gemüse dann zum Hackfleisch geben, mit Sojasauce und Szetschuan-Pfeffer oder schwarzem Pfeffer würzen, bei starker Hitze 3–4 Min. unter ständigem Rühren garen.

5 Die Reisnudeln in ein Sieb abgießen und gut abtropfen lassen. Unter die Hackfleisch-Gemüse-Mischung heben, alles sehr würzig abschmecken. Die Frühlingszwiebel waschen, trocken schütteln und in sehr feine schräge Ringe schneiden, über die übrigen Zutaten streuen.

SO WIRD'S EIN ABENDESSEN: Die Reisnudeln weglassen – und schon haben Sie ein blitzschnelles Abendessen, mit dem Sie auch Gäste überraschen können.

INFO: Zitronengras
Der Name verrät, welches Aroma in Zitronengras steckt, allerdings hat es, botanisch betrachtet, mit Zitrusfrüchten nichts zu tun. In vielen asiatischen Küchen ist Zitronengras unverzichtbar, und seit einiger Zeit findet man es sogar in den Gemüseabteilungen größerer Supermärkte. Es erinnert optisch an dicke Grashalme oder an zarte Frühlingszwiebeln, meist werden 5 oder 6 »Halme« zusammengebunden verkauft. Mal werden große Stücke mitgekocht und vor dem Servieren wieder entfernt, bei anderen Gerichten – und so auch in diesem Rezept hier – wird das Zitronengras ganz fein geschnitten und unter die übrigen Zutaten gemischt.

Curryhuhn mit Kokos-Minz-Reis

2 Hähnchenbrustfilets (ca. 350 g) | 2 EL Currypulver | 1 Bund Frühlingszwiebeln | 1 kleine rote Chilischote | 4 EL Kokosraspel | 150 g Basmatireis | 300 ml Hühnerbrühe | 40 g getrocknete Cranberrys | 2 TL Öl | 10 Zweige frische Minze | Salz | schwarzer Pfeffer aus der Mühle | 250 g Zwetschgen

Für 2 Personen | 30 Min. Zubereitung
Pro Portion 675 kcal, 49 g EW, 10 g F, 94 g KH

1 Die Hähnchenbrustfilets kalt abwaschen und trocken tupfen. Vorsichtig von der Seite aus so einschneiden und aufklappen, dass die Filets überall ungefähr gleich dick sind. Rundherum mit Currypulver einreiben.

2 Die Frühlingszwiebeln waschen und putzen, in feine schräge Ringe schneiden. Die Chilischote waschen, putzen, entkernen und hacken.

3 Die Kokosraspel in einem Topf goldgelb rösten. Die Frühlingszwiebeln (einige zum Garnieren übrig lassen) und Chili dazugeben, dann auch den Reis. Mit der Brühe ablöschen und die Cranberrys untermengen. Aufkochen lassen, zugedeckt 15–20 Min. köcheln lassen.

4 Inzwischen das Öl in einer Pfanne erhitzen. Die Hähnchenfilets darin von beiden Seiten scharf anbraten, dann bei schwacher Hitze von jeder Seite noch ca. 5 Min. braten. Die Minze waschen und trocken schütteln, etwas davon zum Garnieren weglegen, vom Rest die Blättchen abzupfen und fein hacken.

5 Die Minze unter den Reis mischen, diesen mit Salz und Pfeffer abschmecken, zusammen mit dem Hähnchen anrichten, mit Frühlingszwiebeln und Minze garnieren.

6 Die Zwetschgen waschen und als süßen Abschluss genießen.

Lamm mit Oliven-kruste und Nudeln

4 getrocknete Tomaten in Öl (und etwas Einlegeöl) | 10 grüne entsteinte Oliven | 6 Zweige Oregano | 4 Scheiben Toastbrot | 150 g Schalotten | 2 Lammrückenfilets (je ca. 200 g) | schwarzer Pfeffer aus der Mühle | 1 EL Olivenöl | Salz | 100 ml trockener Rotwein oder Fleischbrühe | 200 g Nudeln, z. B. Tagliatelle

Für 2 Personen | 25 Min. Zubereitung + 20 Min. Garen
Pro Portion 820 kcal, 54 g EW, 26 g F, 86 g KH

1 Den Backofen auf 175° (Umluft 160°) vorheizen. Die Tomaten und die Oliven klein würfeln. Den Oregano waschen, trocken schütteln und die Blättchen hacken. 2 Scheiben Toastbrot entrinden und in Würfel schneiden. Alles in einer Schüssel gut verkneten. Dabei etwas Einlegeöl der Tomaten dazugeben, bis die Mischung zusammenhält.

2 Die Schalotten schälen, nur große Exemplare längs halbieren. Die Lammrückenfilets kalt abwaschen, trocken tupfen und rundherum mit Pfeffer einreiben.

3 In einer ofenfesten Pfanne oder einem Bräter das Öl auf dem Herd erhitzen. Die Schalotten anbraten, dann an den Rand schieben. Die Lammfilets auf einer Seite scharf anbraten, wenden und salzen, die Oliven-Mischung als Kruste darauf verteilen. Den Rotwein oder die Brühe in die Pfanne gießen. Im vorgeheizten Backofen (Mitte) knapp 20 Min. garen.

4 Inzwischen die Nudeln in reichlich kochendem Salzwasser bissfest garen. In ein Sieb abgießen und gut abtropfen lassen. Die restlichen Toastscheiben rösten und diagonal halbieren. Nudeln und Toastecken zum überbackenen Lamm servieren.

Rotbarsch mit Mairübchen

500 g Kartoffeln | Salz | 1 Bio-Limette | 4 Stücke Rotbarschfilet (etwa 300 g) | weißer Pfeffer aus der Mühle | gemahlener Koriander | 500 g Mairübchen | 2 Frühlingszwiebeln | 1 EL Walnussöl | 2 EL Ahornsirup | 75 ml Fischfond | 20 g Walnusskerne | 500 g gemischte Beeren

Für 2 Personen | 30 Min. Zubereitung
Pro Portion 694 kcal, 36 g EW, 19 g F, 92 g KH

1 Backofen auf 200° (Umluft 180°) vorheizen. Die Kartoffeln schälen und in wenig Salzwasser in ca. 20 Min. garen. Die Limette auspressen.

2 Die Rotbarschfilets kalt abwaschen und trocken tupfen. Mit Limettensaft beträufeln, mit Salz, weißem Pfeffer und Koriander würzen. Die Rübchen schälen und in kleinfingerdicke Stifte schneiden. Die Frühlingszwiebeln waschen, putzen und in feine schräge Ringe schneiden.

3 Das Walnussöl in einer beschichteten Pfanne leicht erhitzen. Die Rübchen darin anschwitzen. Mit Ahornsirup beträufeln, dann alles mit dem Fischfond ablöschen. Etwas Frühlingszwiebelgrün beiseitelegen, den Rest zu den Rübchen geben.

4 Das Gemüse in eine Auflaufform umfüllen. Den Rotbarsch obenauf legen, die Form mit einem passenden Deckel oder mit Alufolie verschließen. Alles im vorgeheizten Ofen (Mitte) ca. 15 Min. garen.

5 Inzwischen die Walnüsse grob hacken, zusammen mit dem beiseitegelegten Frühlingszwiebelgrün zum Servieren über den Fisch streuen. Kartoffeln abgießen und dazu reichen. Für den Nachtisch die Beeren kalt abspülen, abtropfen lassen und gegebenenfalls putzen.

Kabeljau im Gemüsemantel

750 g Kartoffeln | Salz | 2 Möhren | 1 Lauchstange | 300 g Kabeljaufilet | 3–4 EL Mehl | schwarzer Pfeffer aus der Mühle | 1 Ei | 2 EL Olivenöl | 2–3 EL gehackte Petersilie | 2 große Äpfel

Für 2 Personen | 40 Min. Zubereitung
Pro Portion 694 kcal, 42 g EW, 16 g F, 92 g KH

1 Kartoffeln waschen und schälen, in dicke Stifte schneiden und zugedeckt in wenig Salzwasser in gut 15 Min. garen.

2 Inzwischen die Möhren waschen bzw. schälen und putzen. Die Lauchstange putzen, längs aufschlitzen und gründlich waschen. Das Gemüse in ganz feine Stifte schneiden. In wenig kochendem Wasser ca. 1 Min. vorgaren. Erst in einem Sieb abtropfen lassen, dann auf Küchenpapier ausbreiten und trocken tupfen.

3 Das Fischfilet kalt abwaschen und trocken tupfen. In Portionsstücke schneiden. Das Mehl auf einem Teller mit Salz und Pfeffer mischen. Das Ei auf einem zweiten Teller verquirlen. Das Gemüse auf einen dritten Teller geben. Die Fischstücke erst im Mehl, dann im Ei und zuletzt im Gemüse wenden. Das Gemüse gut andrücken.

4 Das Öl in einer beschichteten Pfanne leicht erhitzen, die Fischstücke darin bei schwacher Hitze rundherum je nach Dicke 8–10 Min. sanft garen. Vorsichtig wenden. Gegen Ende eventuell noch übrige Gemüsestifte ebenfalls in die Pfanne geben und mit erwärmen.

5 Fisch und Gemüse auf Teller heben, die Kartoffeln abgießen und dazugeben. Petersilie über die Kartoffeln streuen. Die Äpfel als frischen Nachtisch genießen.

Dickmilchkaltschale mit Beeren

1 kleine Bio-Limette | 500 g Dickmilch | 100 g Naturjoghurt | 2 EL Zucker | 1 Päckchen Vanillezucker | 100 g Pumpernickel | 1 EL Butter | 200 g gemischte Beeren (frisch oder TK) | 2 EL Kokosraspel | 60 g Vollkorn-Haferflocken | 2 EL Haferkleie | 50 g Butterkekse

Für 2 Personen | 20 Min. Zubereitung
Pro Portion 740 kcal, 22 g EW, 29 g F, 94 g KH

1 Die Limette heiß abwaschen, abtrocknen. Die Schale fein abreiben, den Saft auspressen. Beides mit Dickmilch, Joghurt, Zucker und Vanillezucker verrühren.

2 Pumpernickel fein zerkrümeln, in einer kleinen Pfanne in der Butter knusprig rösten. Die Beeren waschen, verlesen, putzen und eventuell klein schneiden. TK-Früchte zugedeckt in der Mikrowelle auftauen lassen. Die Kokosraspel, die Haferflocken und die Haferkleie in einer beschichteten Pfanne ohne Zugabe von Fett rösten.

3 Die Kaltschale nochmals umrühren und abschmecken. Auf tiefe Teller umfüllen. Das Pumpernickel und die Beeren darauf verteilen, die Kokosraspel-Haferflocken-Mischung obenauf streuen. Die Butterkekse als Nachtisch zum Espresso knabbern.

VARIANTE: Statt mit Dickmilch können Sie diese erfrischende Kaltschale auch mit Buttermilch oder Kefir zubereiten. Je nach Fettgehalt liefern diese Milchprodukte mehr oder weniger Kalorien: Dickmilch gibt es neben der (hier verwendeten) 3,5-%-Variante auch mit 1,5 % Fett, ebenso Kefir. Buttermilch enthält höchstens 1 % Fett.

Süße Orangen-Polenta mit Pflaumen

750 g blaue Pflaumen | 1 Päckchen Vanillezucker | 1 Bio-Orange | 300 ml Milch | 80 g Instant-Polenta (feiner Maisgrieß) | 2 EL Zucker | 20 g Butter | 4 Zweige Zitronenmelisse | 2 EL gehackte Pistazienkerne

Für 2 Personen | 30 Min. Zubereitung
Pro Portion 630 kcal, 12 g EW, 15 g F, 108 g KH

1 Die Pflaumen waschen und in Spalten schneiden, dabei entsteinen. In einen Topf geben, den Vanillezucker darüberstreuen. Zugedeckt einmal aufkochen lassen. Vom Herd nehmen und lauwarm abkühlen lassen.

2 Die Orange heiß abwaschen und abtrocknen, die Schale fein abreiben und den Saft auspressen. Die Milch in einem Topf aufkochen, Polenta einrühren. Den Topf vom Herd ziehen, Orangensaft und Orangenschale sowie den Zucker und die Butter unter die Polenta mischen, alles unter Rühren ca. 5 Min. quellen lassen.

3 Die Orangen-Polenta zusammen mit den gedünsteten Pflaumen und dem Pflaumensaft, der sich im Topf gebildet hat, anrichten. Die Zitronenmelisse waschen und trocken schütteln, die Blättchen abzupfen, die Hälfte davon in Streifen schneiden und über die anderen Zutaten streuen, die Pistazienkerne ebenfalls darüberstreuen. Alles mit Melisseblättchen garnieren.

TIPP: Wer Süßes auf leichtere Art genießen möchte, verwendet statt Zucker Stevia. Das ist ein recht neues, kalorienfreies Süßungsmittel. Es süßt etwa 300-mal stärker als Zucker und erinnert im Geschmack ganz leicht an Lakritze.

Abendessen – für mich, die Familie & Gäste

Etwa fünf Stunden nach dem Mittagessen steht die Vorbereitung des Abendessens an. Diese Zeit ist ein wenig heikel. Oft ist man ausgepowert und hungrig und neigt dann dazu, sich irgendetwas in den Mund zu schieben. Genießen Sie stattdessen vorher in Ruhe eine Tasse Tee oder essen Sie zur Überbrückung ein paar Rohkoststicks oder Essiggürkchen oder ein Schälchen Oliven. So wird auch diese Mahlzeit zu einer Entspannungsphase.

Der Schlüssel zum Abnehmerfolg

Es heißt oft, die Abendmahlzeit bei Schlank im Schlaf ist der Clou am gesamten Programm. Richtig ist: Die Frühstücks- und Mittagsmahlzeiten helfen Ihnen optimal ohne Hungerzeiten durch den Tag und sorgen dafür, dass Sie konzentriert und leistungsfähig sind.

Abends geht es nun darum, dass die Nährstoffe so miteinander kombiniert sind, dass der Insulinspiegel möglichst flach bleibt und durch die gezielte Zufuhr von Eiweiß die Produktion von Wachstumshormon in der Nacht angeregt wird. Das fördert den Einbau von Aminosäuren in die Zellen und steuert damit all jene Prozesse, die zum Aufbau von Organen verwendet werden, darum gilt es auch als Anti-Aging-Hormon. Gehemmt wird die Bildung von Wachstumshormon, wenn man abends zu viel isst oder Nährstoffe zu sich nimmt, die hohe Insulinspiegel produzieren.

Insulin blockt das Wachstumshormon und versperrt die Fettzellen. Das ist in doppelter Weise ungünstig: Zum einen kann das Wachstumshormon Fett als Energiequelle schlechter anzapfen, Aufbauprozesse finden nur eingeschränkt statt, Heilungsprozesse werden verzögert und Alterungsprozesse beschleunigt. Außerdem wird man durch den hohen Insulinspiegel schnell wieder hungrig. Deshalb stehen abends Proteine aus Fleisch, Fisch, Eiern, Sojaprodukten, Milchprodukten oder Hülsenfrüchten sowie Eiweißbrot auf dem Programm, kombiniert mit vitamin- und mineralstoffreichem Gemüse oder Salat.

INFO

Eiweiß macht satt

Ein Forscherteam vom Deutschen Institut für Ernährungsforschung (DIFE) konnte 2012 im Tierversuch zeigen, dass eine hohe Aufnahme von Nahrungseiweiß oder Aminosäuren gleichzeitig zu einer hohen Flüssigkeitsaufnahme führt. Da Wasser den Magen füllt, nimmt man automatisch weniger zu sich als beispielsweise bei kohlenhydratreichen Mischkostmahlzeiten. In dieser Kombination mit Wasser sättigt eine Eiweißmahlzeit besonders gut. Durch den hohen Eiweißanteil in der Abendmahlzeit wird anschließend Fett vermehrt abgebaut. Das ist sogar dann der Fall, wenn die Abendmahlzeit fettreich ausfällt. Zudem verbesserten sich bei den Tieren im Versuch die Cholesterin- und Leberfettwerte. Auch eine Fettneubildung in der Leber, wie sie bei einer durchgängig kohlenhydratbetonten Kost stattfinden kann, wurde ausgebremst.

Getränke zum Abendessen

Aufgrund des hohen Eiweißgehalts Ihres Abendessens werden Sie automatisch mehr trinken (siehe Kasten). Ideal zum Essen sind jetzt Leitungswasser, Mineralwasser, ungesüßter Kräuter, Mate- oder Rooibostee. Zero-Getränke oder je 200 ml Buttermilch, Kefir, fettarme Milch oder Molke sind ebenfalls erlaubt. Grüner Tee und ein Kaffee nach dem Essen sind ebenfalls empfehlenswert, halten aber aufgrund ihres Koffeingehalts wach. Auch ein Glas Wein (0,2 l) können Sie genießen. Die darin enthaltenen Flavonoide wirken schützend auf das Gefäßsystem. Mehr Wein oder auch Bier ist ungünstig, da der darin enthaltene Zucker das Insulin lockt und so der Fettverbrennungsprozess gestoppt wird.

Schlafen Sie sich schön und schlank!

Wichtig nach dem Abendessen, das sie in möglichst entspannter Atmosphäre genießen sollten, ist Ihr Nachtschlaf. Kommen Sie so nach einem stressreichen Tag zur Ruhe und gehen Sie so rechtzeitig ins Bett, dass Sie sieben bis acht Stunden schlafen können. Wer weniger schläft, setzt in seinem Körper eine vorübergehende Insulinresistenz in Gang wie während einer Stressreaktion. Dabei wird weniger Fett abgebaut und Sie werden relativ schnell wieder hungrig sein. In unserer schnelllebigen Zeit schlafen viele Frauen zu wenig. Wenn Sie sich tagsüber erschöpft und unkonzentriert fühlen, hängt dies oft mit unzureichendem Schlaf zusammen.

Die Schlafqualität wirkt sich nicht nur auf die Lebensqualität sondern auch erheblich auf unsere Gesundheit aus. Bei Frauen ändern sich im Lauf ihres Lebens die Schlafmuster und -bedürfnisse.

Unter Schlafstörungen leiden Frauen doppelt so häufig wie Männer. Junge Frauen haben

meist einen gesunden Schlaf. Kommt es zu Schlafstörungen, hängt dies oft mit der Menstruation oder einer Schwanger- bzw. Mutterschaft zusammen.
Doch Sie brauchen Ihren Schlaf, um die vielfältigen Herausforderungen, die Beruf und Familie an Sie stellen, zu bewältigen. Achten Sie deshalb gut auf sich!

Tipps für einen erholsamen Schlaf

Bei menstruell bedingten Schlafstörungen ist ausreichender Schlaf wichtig, halten Sie regelmäßige Schlaf-Wach-Zeiten ein. Ernähren Sie sich konsequent nach dem Schlank-im-Schlaf-Prinzip und nach Ihrem individuellen Hormontyp (Seite 144ff.) und sorgen Sie für ausreichend Entspannungszeiten.
Zu Beginn einer **Schwangerschaft** haben die meisten Frauen ein höheres Schlafbedürfnis als vorher. Das hängt mit dem in diesem Zeitraum vermehrt gebildeten Progesteron zusammen. In späteren Schwangerschaftsphasen und insbesondere zum Ende hin schlafen viele Frauen nicht mehr tief und wachen häufig nachts auf. Hinzu kommt der größer werdende Bauch, der das Liegen beschwerlich macht. Gerade im letzten Drittel ist eine Schwangerschaft stressreich. Nach der Geburt des Babys ist an Durchschlafen dann ebenfalls nicht mehr zu denken. Wichtig ist deshalb, dass Sie während der Schwangerschaft ganz besonders auf einen regelmäßigen Schlaf- und Wach-Rhythmus achten. Vermeiden Sie Stress, führen Sie regelmäßig den Body-Scan und Meditationsübungen durch (siehe Seite 20), sie wirken schlaffördernd. Ernähren Sie sich konsequent nach dem Schlank-im-Schlaf-Prinzip und trinken Sie viel. Drei Stunden vor dem Schlafengehen sollten Sie keine zu scharf gewürzten Mahlzeiten zu sich nehmen. Nach der Geburt sollten Sie tagsüber so oft wie möglich Schlaf nachholen.

In den **Wechseljahren** kommt es bei Frauen hormonell bedingt vermehrt zu Schlafstörungen. Der Beginn der Wechseljahre tritt durch den Abfall des Hormons Progesteron ein, der dem des Östrogens um lange Zeit vorausgeht. Hier helfen Progesteronkapseln, insbesondere natürliches Progesteron aus der Yamswurzel (rezeptpflichtig). Die Abnahme von Östrogen verursacht nächtliches Schwitzen und Hitzewallungen, Herzrasen oder Angstgefühle. Das führt zu erhöhter Tagesmüdigkeit, häufigen Stimmungswechseln, Gereiztheit und auch zu Depressionen. Sorgen Sie darum dafür, dass es im Schlafzimmer angenehm kühl ist, und lüften Sie vor dem Zubettgehen gründlich. Die Bettwäsche sollte aus hautfreundlichen, natürlichen Materialien sein. Verzichten Sie abends auf koffeinhaltige Getränke und Alkohol. Eine Behandlung mit einem über die Haut aufzunehmenden Östrogengel kann unter Umständen zur Besserung beitragen. Erkundigen Sie sich bei Ihrem Arzt danach.
In der Zeit nach der **Menopause** wird der Schlaf bei Vielen zunehmend leichter und wird oft unterbrochen. Manche Schlafstörungen treten nun häufiger auf, zum Beispiel Atmungsstörungen (Schnarchen). Auch dies ist durch die Abnahme des Östrogens bedingt. Weitere Risikofaktoren für einen schlechten und wenig erholsamen Schlaf sind Übergewicht und zu wenig körperliche Aktivität.
Halten Sie einen möglichst regelmäßigen Schlaf-Wach-Rhythmus ein. Stehen Sie früh auf und gewöhnen Sie sich an einen strukturierten Tagesablauf. Wenn Sie tagsüber müde sind, versuchen Sie es mit einem kurzen Mittagschlaf von maximal 20 Minuten, danach sind Sie wieder erfrischt und fit. Am besten stellen Sie sich einen Wecker.
Und achten Sie auf körperliche Bewegung. Regelmäßige Spaziergänge und Radtouren tun Körper und Seele gut.

Abendessen ohne Kochen

2 hart gekochte Eier + 2 Scheiben Eiweißbrot + 100 g Kräuterquark (Magerstufe) + 1 Handvoll Radieschen	398 kcal/19 g Fett
150 g gemischter Salat (Kühl-/Frischetheke) + 75 g Joghurt-Salatdressing + 75 g Hähnchenbrustaufschnitt + 1 Scheibe Eiweißbrot	320 kcal/19 g Fett
100 g leichter Eiersalat (50 g; z. B. von Du darfst) + 2 Scheiben Eiweißbrot + 1 großes Stück Salatgurke, geschält und in Stücke geschnitten	310 kcal/20 g Fett
150 g Roastbeef + 250 g Papaya in Spalten + 1 EL Zitronensaft + Pfeffer aus der Mühle + 1 Scheibe Eiweißbrot	390 kcal/16 g Fett
200 g gegarte, geschälte Garnelen (Kühlregal) + 150 g gemischter Salat (Kühltheke) + 5 EL fettarmes Joghurtdressing	310 kcal/15 g Fett
2 Tofu-Bratfilets (je 80 g; z. B. Pizza-Pizza von Taifun) + ½ Salatgurke + 4–5 EL leichtes Kräuterdressing (Gurke schälen, hobeln und mit dem Dressing anmachen)	397 kcal/25 g Fett
100 g Brotaufstrich Paprika & Peperoni (z. B. von Homann) + 2 Scheiben Eiweißbrot + 1 Becher fettarmer Joghurt (150 g)	365 kcal/14 g Fett
150 g gemischter Salat (Kühltheke) + 150 g fettarmer Joghurt (mit Mineralwasser, Gewürzen und Kräutern zum leichten Dressing verrührt) + 125 g Mozzarella light + 10 g gehobelte Haselnusskerne	353 kcal/19 g EW
2 Kohlrabiknollen (geschält und in dicke Stifte geschnitten) + 250 g fettarmer Kräuter- oder Paprikaquark + 100 g gewürzter Tofu (z. B. mediterran) + 2 EL Kapern	372 kcal/7 g Fett

Knabbersticks mit Tomatendip

1 Zwiebel | 1 TL Olivenöl | 1 Knoblauchzehe | 1 Dose geschälte gehackte Tomaten (400 g) | 2 EL Tomatenmark | Salz | Pfeffer aus der Mühle | 1 TL getrockneter Thymian | ½ Staudensellerie | 1 rote Paprikaschote | 1 grüne Paprikaschote | 1 gelbe Paprikaschote | 4 Scheiben Eiweiß-Abendbrot (je ca. 35 g) | 1 EL Butter | 100 g fettarmer Frischkäse (0,2 % Fett)

Für 2 Personen | 30 Min. Zubereitung
Pro Portion 365 kcal, 30 g EW, 18 g F, 19 g KH

1 Die Zwiebel schälen und klein würfeln. Das Olivenöl in einem kleinen Topf erhitzen, die Zwiebelwürfel darin glasig werden lassen. Den Knoblauch schälen und dazupressen. Die Tomaten einrühren, dann auch das Tomatenmark, Salz, Pfeffer und den Thymian.

2 Die Tomatensauce bei recht starker Hitze unter häufigem Rühren dickflüssig einkochen lassen. In eine Schüssel umfüllen und lauwarm abkühlen lassen.

3 Den Staudensellerie waschen und putzen, in lange Streifen schneiden. Die Paprikaschoten waschen, putzen, entkernen und in lange Streifen schneiden.

4 Das Brot ebenfalls längs in Streifen schneiden. Die Butter in einer Pfanne zerlassen, die Brotstreifen darin rundherum rösten.

5 Den Frischkäse unter die Tomatensauce rühren. Den Dip pikant abschmecken. Zusammen mit den vorbereiteten Zutaten anrichten – Gemüse und Brot lassen sich wunderbar in den Dip tunken und dann knabbern.

Überbackenes Eiweiß-Abendbrot

4 Scheiben Eiweiß-Abendbrot (je ca. 35 g) | 50 g Ajvar (aus dem Glas) | 4 Scheiben Räucherschinken | 1 Zwiebel | ½ Bund Petersilie | 200 g Champignons | 1 TL Olivenöl | Salz | Pfeffer aus der Mühle | 125 g fettarmer Mozzarella

Für 2 Personen | 25 Min. Zubereitung
Pro Portion 360 kcal, 40 g EW, 18 g F, 9 g KH

1 Den Backofen auf 225° (Umluft 200°) vorheizen. Die Brotscheiben mit Ajvar bestreichen und nebeneinander auf ein mit Backpapier belegtes Blech legen. Die Schinkenscheiben darauf auslegen – eventuell ein wenig zusammenklappen.

2 Die Zwiebel schälen und klein würfeln. Die Petersilie waschen, trocken schütteln und die Blättchen fein hacken. Die Champignons waschen, trocken tupfen und vierteln oder in Scheiben schneiden.

3 Das Olivenöl in einer Pfanne erhitzen, die Zwiebelwürfel darin glasig werden lassen. Die Champignons dazugeben und unter Rühren 5 Min. braten. Petersilie einrühren, mit Salz und Pfeffer würzen.

4 Die gebratenen Pilze auf die Brote geben. Den Mozzarella in dünne Scheiben schneiden und darüberlegen. Die belegten Brote im vorgeheizten Ofen (Mitte) ca. 5–7 Min. überbacken.

VARIANTEN: Auf ähnliche Art lassen sich immer wieder andere leckere Toasts zubereiten. Probieren Sie aromatische Tomaten mit Putenschinken und Basilikum oder fein geschnittene, kurz gedünstete Paprikastreifen mit Rosmarin und hauchdünnen Salamischeiben. Wenn Sie fleischlos genießen möchten, legen Sie dünne Scheiben Räuchertofu auf die Brote und überbacken auch diese mit Mozzarella oder mit etwas würzigem Bergkäse.

Hähnchensalat-Abendsandwich

1 rote Paprikaschote | 1 Kohlrabi | 2 Frühlingszwiebeln | 100 g Hähnchenbrust-Aufschnitt | 100 g Naturjoghurt | Salz | Pfeffer aus der Mühle | gemahlener Kreuzkümmel | 1 Handvoll Rucola | 4 Scheiben Eiweiß-Abendbrot (je ca. 35 g)

Für 2 Personen | 20 Min. Zubereitung
Pro Portion 350 kcal, 40 g EW, 14 g F, 13 g KH

1 Paprika waschen und putzen, Kohlrabi schälen und beides sehr fein würfeln. Frühlingszwiebeln waschen und putzen, in feine Ringe schneiden. Den Aufschnitt klein würfeln. Alle diese Zutaten in einer Schüssel mit dem Joghurt mischen, mit Salz, Pfeffer und 1 Prise Kreuzkümmel würzen.

2 Rucola waschen, trocken schütteln, grobe Stiele entfernen. Brotscheiben toasten. Je 2 Scheiben mit Rucola und Hähnchensalat dazwischen zum Sandwich stapeln.

Abendbrot mit Krabben-Rührei

½ Bund Schnittlauch | ½ Bund Petersilie | ½ Bund Dill | 250 g Magerquark | Salz | Pfeffer aus der Mühle | 1 TL Butter | 100 g geschälte Nordseekrabben | 3 Eier | 4 Scheiben Eiweiß-Abendbrot (je ca. 35 g)

Für 2 Personen | 20 Min. Zubereitung
Pro Portion 450 kcal, 56 g EW, 19 g F, 13 g KH

1 Kräuter waschen, Schnittlauch in feine Röllchen schneiden, Petersilien- und Dillblätter fein hacken. Alles unter den Quark rühren, mit Salz und Pfeffer abschmecken.

2 In einer Pfanne in der Butter die Krabben leicht anbraten. Eier verquirlen, zu den Krabben geben, zu einem Rührei stocken lassen. Mit Salz und Pfeffer würzen.

3 Die Brotscheiben auf Teller legen, den Kräuterquark darauf verteilen. Das Krabben-Rührei darauf- oder danebengeben.

Strammer Max auf leichte Art

4 Scheiben Eiweißbrot (je ca. 35 g) | 1 Knoblauchzehe | 100 g fettarmer Frischkäse (0,2 % Fett) | 100 g Hähnchenbrust-Aufschnitt in dünnen Scheiben | 1 TL Butter | 4 Eier | Salz | Pfeffer aus der Mühle | edelsüßes Paprikapulver | ½ Bund Schnittlauch | 2–3 EL Kapernäpfel (aus dem Glas)

Für 2 Personen | 20 Min. Zubereitung
Pro Portion 420 kcal, 49 g EW, 21 g F, 8 g KH

1 Die Brotscheiben im Toaster rösten. Den Knoblauch schälen, die Brotscheiben damit einreiben.

2 Die getoasteten Brotscheiben mit dem Frischkäse bestreichen und auf zwei Teller legen. Den Hähnchenbrust-Aufschnitt locker darauf arrangieren.

3 Die Butter in einer Pfanne zerlassen. Die Eier in die Pfanne aufschlagen und zu Spiegeleiern backen. Mit Salz, Pfeffer und Paprikapulver würzen und auf die Brote setzen. Den Schnittlauch waschen und trocken schütteln, in Röllchen schneiden und obenauf streuen. Die Kapernäpfel abtropfen lassen und ebenfalls dazugeben.

Eiweiß-Abendbrot

Brotzeit am Abend im Rahmen der Insulintrennkost ist dank der Entwicklung des Eiweißbrots möglich. Zutaten für das gesunde Brot, das abends dafür sorgt, dass der Insulinspiegel nach dem Essen flach bleibt, sind hochwertige Pflanzenproteine aus Lupine, Soja und verschiedenen Saaten.

Vietnamesische Eierflockensuppe

2 EL Cashewkerne | 1 Bund Frühlingszwiebeln | 30 g frischer Galgant (ersatzweise Ingwer) | 400 g feste Tomaten | 2 EL Öl | 700 ml Gemüse- oder Hühnerbrühe | 3 Eier | Salz | 3–4 EL Fischsauce (Asienshop; ersatzweise helle Sojasauce) | 1 Handvoll Koriandergrün

Für 2 Personen | 20 Min. Zubereitung
Pro Portion 400 kcal, 22 g EW, 27 g F, 17 g KH

1 Die Cashewkerne etwas kleiner hacken. Frühlingszwiebeln waschen, putzen und in dünne Ringe schneiden. Den Galgant oder den Ingwer schälen und sehr fein hacken. Die Tomaten kreuzweise einritzen, mit kochendem Wasser überbrühen und häuten. Dann entkernen, von den Stielansätzen befreien und in Spalten schneiden.

2 Das Öl in einem Wok leicht erhitzen, die Cashewkerne kurz anrösten, dann die Frühlingszwiebeln und den Galgant zugeben und kurz anbraten. Die Brühe angießen und aufkochen lassen.

3 Die Eier in einer Schüssel verquirlen. Unter ständigem Rühren in die kochende Suppe träufeln lassen – das Ei gerinnt sofort und bildet »Flocken«.

4 Die Tomaten in die Suppe geben und kurz erwärmen. Dann alles mit Salz und Fischsauce oder Sojasauce abschmecken. Das Koriandergrün waschen und trocken schütteln, etwas kleiner hacken und zum Servieren auf die Suppe streuen.

Tomatensuppe mit Avocadotatar

2 Dosen geschälte gehackte Tomaten (je 400 g) | 1/4 l Tomatensaft oder Gemüsebrühe | Salz | Pfeffer aus der Mühle | Tabasco | 1 Zwiebel | 1 reife Avocado (nicht zu weich) | 150 g Naturjoghurt | 2 EL Schnittlauchröllchen | 4 dünne Scheiben Eiweißbrot (je ca. 30 g)

Für 2 Personen | 25 Min. Zubereitung
Pro Portion 410 kcal, 23 g EW, 27 g F, 15 g KH

1 Die Tomaten aus den Dosen zusammen mit dem Tomatensaft oder der Gemüsebrühe in einen Topf geben. Mit Salz, Pfeffer und Tabasco würzen, aufkochen und 5 Min. leicht köcheln lassen.

2 Die Zwiebel schälen und ganz fein würfeln. Die Avocado halbieren und entsteinen, schälen und klein würfeln. Mit den Zwiebelwürfeln vermischen und mit Salz, Pfeffer und Tabasco würzen.

3 Die Tomatensuppe direkt im Topf mit einem Pürierstab glatt pürieren. Herzhaft abschmecken und auf tiefe Teller geben.

4 Das Avocadotatar daraufgeben, zusätzlich jeweils einen großen Klecks Joghurt und einige Schnittlauchröllchen. Das Eiweißbrot dazu genießen.

Putenbrust mit Spargel-Vinaigrette

2–3 Spargelstangen (weiß oder grün, nach Belieben) | Salz | 4 EL Weinessig | Pfeffer aus der Mühle | 2 EL Olivenöl | ½ Kästchen Kresse | 200 g Putenbrust-Aufschnitt | 2 EL Kapernäpfel | 2 Scheiben Eiweiß-Abendbrot (je ca. 35 g)

Für 2 Personen | 25 Min. Zubereitung
Pro Portion 355 kcal, 36 g EW, 18 g F, 12 g KH

1 Die Spargelstangen waschen, weiße (falls verwendet) ganz schälen, grüne nur im unteren Drittel. Von den Stangen die Endstücke und die Köpfe abschneiden (Endstücke wie Schalen ggf. für einen Spargelsud verwenden). Die Spargelstangen in kleine Stücke schneiden und zusammen mit den Köpfen in wenig Salzwasser in einem kleinen Topf ca. 2 Min. dünsten, dann gut abtropfen lassen und den Sud dabei auffangen.

2 Den Essig mit Salz und Pfeffer verquirlen. Das Öl mit einem Schneebesen gründlich darunterschlagen, anschließend noch 1–2 EL vom Spargelsud einrühren. Den Spargel untermischen.

3 Die Kresse nach Belieben abbrausen und trocken tupfen, mit einer Küchenschere vom Beet schneiden.

4 Den Putenbrust-Aufschnitt auf zwei Teller verteilen, Spargelvinaigrette und Kresse sowie die Kapernäpfel darübergeben. Das Eiweiß-Abendbrot dazu genießen.

TIPP: Außerhalb der Spargelzeit können Sie die Putenbrust gut mit einer Radieschen-Vinaigrette verfeinern. Dafür 5–6 knackige Radieschen fein würfeln und zusätzlich etwas zartes Radieschengrün hacken, wie beschrieben mit Essig und Öl zu einer Vinaigrette aufschlagen.

Lachstaler auf Champignon-Carpaccio

1 Bio-Limette | 50 g Räucherlachs | 150 g frisches Lachsfilet | ½ Bund Dill | Salz | Pfeffer aus der Mühle | 250 g große feste Champignons | 2 EL Walnussöl | 1 EL Naturjoghurt | ½ Bund Schnittlauch | 25 g Walnusskerne

Für 2 Personen | 20 Min. Zubereitung
Pro Portion 320 kcal, 23 g EW, 24 g F, 2 g KH

1 Die Limette heiß abwaschen und abtrocknen, etwas Schale fein abreiben und den Limettensaft auspressen. Den Räucherlachs und den frischen Lachs sehr fein würfeln und mischen.

2 Den Dill waschen und trocken schütteln, die Blättchen abzupfen und fein hacken. Mit der Limettenschale und 2 TL Limettensaft zum Lachs geben. Mit Salz und Pfeffer würzen und gut vermischen.

3 Die Champignons waschen oder mit einem feuchten Tuch abreiben, putzen und in dünne Scheiben schneiden. Eine breite beschichtete Pfanne erhitzen, die Pilze darin von beiden Seiten kurz anbraten, dabei salzen und pfeffern. Herausnehmen und etwas abkühlen lassen, dann wie Dachziegel leicht überlappend auf Tellern auslegen.

4 Den restlichen Limettensaft mit dem Walnussöl, dem Joghurt sowie mit etwas Salz und Pfeffer verquirlen. Diese Marinade über die Pilze träufeln. Den Schnittlauch waschen, trocken schütteln und in Röllchen schneiden, darüberstreuen.

5 Aus dem Lachstatar runde Taler oder mit zwei Löffeln Nocken formen, auf den Pilzen anrichten. Die Walnusskerne grob hacken und darüberstreuen.

Gedämpfte Mangoldröllchen

1 Mangoldstaude | 1 Zwiebel | 1 EL Olivenöl | 30 g gehackte Mandeln | ½ l Gemüsebrühe | 200 g Räucher- oder Natur-Tofu | Salz | Pfeffer aus der Mühle | 50 g Parmesan

Außerdem: Topf mit Dämpfeinsatz

Für 2 Personen | 40 Min. Zubereitung
Pro Portion 374 kcal, 29 g EW, 25 g F, 8 g KH

1 Den Mangold waschen und trocken schütteln. Blätter und Stiele voneinander trennen. Die Stiele quer in feine Streifen schneiden. Die Zwiebel schälen und fein würfeln. Das Öl in einem Topf erhitzen, die Zwiebeln darin anbraten. Die Mandeln mit anbraten, dann die Mangoldstiele einrühren. Unter häufigem Rühren 2–3 Min. garen. In eine Schüssel umfüllen und etwas abkühlen lassen.

2 In dem Topf die Brühe aufkochen. Nach und nach die Mangoldblätter hineingeben und jeweils nach einigen Sekunden mit einer Schaumkelle herausheben und gut abtropfen lassen.

3 Den Tofu klein würfeln, mit den Mangoldstielen mischen. Mit Salz und Pfeffer pikant abschmecken. Nach und nach die Mangoldblätter ausbreiten, je 1–2 EL Tofumischung daraufgeben und diese in dem Blatt einschlagen und das Blatt aufrollen.

4 Die Mangoldröllchen in den Dämpfeinsatz geben. Den Einsatz in den Topf mit der Brühe stellen, die Röllchen zugedeckt knapp 10 Min. dämpfen. Zusammen mit etwas Brühe als Sud servieren. Den Parmesan hobeln und darüberstreuen.

TIPP: Wenn nicht die ganze Füllung in die Blätter passt, den Rest nach dem Dämpfen der Röllchen in dem Sud erhitzen und mit den Röllchen servieren.

VARIANTE: Wenn Mangold keine Saison hat, können Sie den zarten Chinakohl verwenden.

Tofu in Ingwersahne

200 g Räuchertofu | 1 kleine Dose Wasserkastanien (ca. 175 g Abtropfgewicht) | 125 g Kirschtomaten | 1 Zwiebel | 30 g Ingwer | 1 EL Butter | 1 EL gemahlene Mandeln | 1 EL Currypulver | 75 g Sahne zum Kochen | 125 ml Milch | Salz | Pfeffer aus der Mühle | einige Zweige Koriandergrün oder ½ Bund Schnittlauch

Außerdem: ofenfeste Form

Für 2 Personen | 30 Min. Zubereitung + 20 Min. Backen
Pro Portion 380 kcal, 22 g EW, 24 g F, 16 g KH

1 Den Backofen auf 180° (Umluft 160°) vorheizen. Den Tofu mundgerecht würfeln. Die Wasserkastanien gut abtropfen lassen. Die Tomaten waschen und trocken reiben. Alles in einer ofenfesten Form verteilen.

2 Die Zwiebel und den Ingwer schälen und fein würfeln. Die Butter in einem Topf aufschäumen, die Zwiebel- und die Ingwerwürfel darin leicht anbraten. Mandeln und Currypulver einrühren und kurz anschwitzen. Die Sahne und die Milch unter Rühren dazugießen, alles salzen und pfeffern und zu einer cremigen Sauce kochen.

3 Die Sauce abschmecken und über die vorbereiteten Zutaten in der Form verteilen. Im vorgeheizten Backofen (Mitte) ca. 20 Min. backen.

4 Das Koriandergrün oder den Schnittlauch waschen und trocken schütteln. Koriander fein hacken bzw. den Schnittlauch in Röllchen schneiden, zum Servieren über das Gericht streuen.

TIPP: Für eine vegane Variante Pflanzenöl statt Butter nehmen und die Sauce mit Sojasahne statt mit Sahne zum Kochen und Milch zubereiten.

Brokkoli aus dem Krustentierdampf

500 g Brokkoli | 1 Becher Krustentier-Paste (40 g; siehe Info) | 30 g Mandelblättchen | 100 g leichter Frischkäse (5% Fett) | 200 g geschälte gekochte Garnelen (frisch oder TK) | Salz | Pfeffer aus der Mühle | gemahlener Anis | 1–2 EL Anisschnaps (nach Belieben)

Außerdem: Topf mit Dämpfeinsatz

Für 2 Personen | 30 Min. Zubereitung
Pro Portion 342 kcal, 31 g EW, 19 g F, 11 g KH

1 Den Brokkoli waschen und putzen, in Röschen zerteilen, die Stiele klein schneiden und nach Belieben schälen. Den Brokkoli in einen Dämpfeinsatz geben.

2 In einem breiten Topf etwa 400 ml heißes Wasser mit der Krustentier-Paste verquirlen. Zum Kochen bringen, den Dämpfeinsatz mit dem Brokkoli hineinstellen. Den Topf zudecken und den Brokkoli bei mittlerer bis starker Hitze ca. 10 Min. dämpfen.

3 Die Mandelblättchen in einer Pfanne ohne Zugabe von Fett bei mittlerer Hitze goldbraun braten. Vom Herd nehmen.

4 Den Dämpfeinsatz aus dem Topf nehmen und den Brokkoli zugedeckt warm stellen. Den Krustentiersud im Topf bei starker Hitze etwas einkochen lassen.

5 Den Frischkäse unterrühren, die Garnelen (sie können noch gefroren sein) hineingeben und erhitzen. Den Sud mit Salz, Pfeffer, 1 Prise Anis und nach Belieben mit Anisschnaps abschmecken. Sud und Garnelen zusammen mit dem Brokkoli servieren, die Mandelblättchen darüberstreuen.

INFO: Krustentierpaste
Die sehr konzentrierte und aromatische Spezialität, abgepackt in kleinen Kunststoffbechern, finden Sie meist im Supermarktregal bei Fonds und Brühen. Wenn Sie die Paste nicht bekommen, verwenden Sie statt dessen Krustentierfond. Nehmen Sie am besten 2 Gläser à 400 ml, und lassen Sie den Fond bei starker Hitze auf die Hälfte einkochen, bevor Sie den Brokkoli darauf dämpfen.

TIPP: Dämpfen bedeutet, unten im Topf kocht eine Flüssigkeit, die vorbereiteten Zutaten liegen in einem Siebeinsatz im Dampf darüber, und ein gut schließender Deckel liegt obenauf. Probieren Sie diese schonende Garmethode unbedingt aus – vitaminreicher und aromastarker Genuss wird Sie belohnen. Außer Brokkoli eignen sich auch noch etliche andere Gemüsesorten gut zum Dämpfen, beispielsweise Kohlrabi, grüne Bohnen, Blumenkohl oder Chinakohl, jeweils getrennt oder in einer weiß-grünen Mischung. Und auch Fisch oder zartes Fleisch wie beispielsweise Hähnchenbrustfilet kommt besonders saftig aus dem Dampfbad. Wenn der unten im Topf kochende Sud stark gewürzt ist wie bei diesem Rezept, nehmen Gemüse, Fisch, Meeresfrüchte oder auch Fleisch den jeweiligen Geschmack an. Kocht lediglich Salzwasser oder eine ganz leichte Gemüsebrühe im Topf, behalten die Zutaten darüber ihren Eigengeschmack und sind dann besonders vielseitig kombinierbar.

Putensticks mit gebratenem Radicchio

350 g Putenbrustfilet | Salz | Pfeffer aus der Mühle | edelsüßes Paprikapulver | 4 Zweige Thymian | 1 Radicchio (ca. 300 g) | 1 kleine Fenchelknolle (ca. 200 g) | 3 EL Olivenöl | 3 EL weißer Balsamessig

Außerdem: 6 Schaschlikspieße aus Metall oder Holz

Für 2 Personen | 20 Min. Zubereitung
Pro Portion 360 kcal, 46 g EW, 17 g F, 4 g KH

1 Das Putenbrustfilet kalt abwaschen und trocken tupfen, in schmale lange Streifen schneiden. Das Fleisch mit Salz, Pfeffer und Paprikapulver würzen, locker und wellenförmig auf die Spieße stecken.

2 Den Thymian waschen und trocken schütteln, die Blättchen abzupfen. Den Radicchio waschen, die äußeren Blätter entfernen, den Kopf dann in Achtel schneiden, die am Strunk noch zusammenhängen. Den Fenchel waschen, putzen und in feine Streifen schneiden.

3 1 EL Olivenöl in einer Pfanne erhitzen, die Spieße darin rundherum bei starker Hitze anbraten, dann bei reduzierter Hitze noch ca. 6 Min. braten, zwischendurch ab und zu wenden.

4 Inzwischen das restliche Öl in einer zweiten Pfanne erhitzen, das Gemüse darin anbraten. Thymian dazugeben, Balsamessig über den Radicchio träufeln, alles mit Salz und Pfeffer würzen und 5 Min. bei schwacher Hitze braten. Radicchio nur vorsichtig wenden, damit er nicht völlig auseinanderfällt. Das Gemüse zusammen mit den Spießen anrichten.

Gebratener Spargel mit Hähnchensauce

400 g grüner Spargel | 400 g zarter weißer Spargel | 2 EL Butter | Salz | Pfeffer aus der Mühle | 300 g Hähnchenbrustfilet | ½ Bund Frühlingszwiebeln | 4 Zweige Estragon | 2 EL gemahlene Mandeln | 150 ml Gemüse- oder Hühnerbrühe | 1 EL Schmand

Für 2 Personen | 40 Min. Zubereitung
Pro Portion 430 kcal, 44 g EW, 22 g F, 12 g KH

1 Den Spargel waschen, holzige Enden abschneiden. Die grünen Stangen nur in unteren Drittel, die weißen Stangen etwas großzügiger schälen. Wenn die weißen Stangen dick sind, diese längs halbieren.

2 In einer breiten beschichteten Pfanne 1 EL Butter aufschäumen und verteilen. Den Spargel darin unter häufigem Wenden gut 10 Min. bei mittlerer Hitze braten, zwischendurch mit Salz und Pfeffer würzen.

3 Inzwischen das Hähnchenbrustfilet kalt abwaschen und trocken tupfen. Das Fleisch in sehr kleine Würfel schneiden. Die Frühlingszwiebeln waschen und trocken schütteln, längs halbieren und in kleine Stücke schneiden. Den Estragon waschen und trocken schütteln, die Blättchen fein schneiden.

4 Die restliche Butter in einem Topf aufschäumen, das Fleisch darin unter Rühren 1–2 Min. anbraten. Die Frühlingszwiebeln und den Estragon einrühren, dann die gemahlenen Mandeln. Mit der Gemüse- oder Hühnerbrühe ablöschen. Den Schmand einrühren, die Sauce mit Salz und Pfeffer abschmecken und zusammen mit dem gebratenen Spargel genießen.

TIPP: Natürlich schmeckt die Hähnchensauce auch zu Spargel, den Sie auf herkömmliche Art in wenig Salzwasser dünsten – am besten stehend in einem speziellen Spargeltopf.

Putenwürfel »Saltimbocca«

300 g Putenbrustfilet | Salz | Pfeffer aus der Mühle | 1–2 Salbeizweige | 6 dünne Scheiben roher Schinken (ca. 50 g) | 2 EL Olivenöl | 300 g TK-Blattspinat | 1 Knoblauchzehe | Muskatnuss | 2 EL Mandelblättchen

Für 2 Personen | 30 Min. Zubereitung
Pro Portion 360 kcal, 48 g EW, 18 g F, 1 g KH

1 Das Putenbrustfilet kalt abwaschen und trocken tupfen, in ca. 12 mundgerechte Würfel schneiden. Das Fleisch rundherum mit Salz und Pfeffer würzen.

2 Den Salbei waschen und trocken schütteln, die Blättchen abzupfen. Kleine Blätter ganz lassen, größere halbieren. Die Schinkenscheiben längs halbieren. Jeden Putenwürfel zusammen mit einem ganzen oder halben Salbeiblatt in Schinken wickeln.

3 Das Olivenöl in einer Pfanne erhitzen, die Putenwürfel so hineingeben, dass die Nahtstelle des Schinkens zuerst nach unten zeigt. Die Würfel rundherum goldbraun anbraten. Bei schwacher Hitze insgesamt ca. 8 Min. braten, zwischendurch ab und zu umdrehen.

4 Inzwischen den Spinat in einem Topf bei schwacher Hitze auftauen lassen, dann einmal aufkochen. Den Knoblauch schälen und dazupressen, mit Salz, Pfeffer und Muskatnuss abschmecken. Die Mandelblättchen in einer kleinen trockenen Pfanne goldbraun rösten. Putenwürfel und Spinat zusammen anrichten, mit den Mandeln bestreuen.

Hackröllchen im Schinkenmantel

200 g mageres Rinderhackfleisch | Pfeffer aus der Mühle | 2 EL saure Sahne (ca. 30 g) | 1 TL getrockneter Thymian | Salz | 8 dünne Scheiben Räucherschinken (ca. 80 g) | 1 EL Olivenöl | 2 kleine Fenchelknollen | 4 kleine eingelegte Paprikaschoten | 100 ml Gemüsebrühe

Für 2 Personen | 30 Min. Zubereitung
Pro Portion 370 kcal, 33 g EW, 23 g F, 7 g KH

1 Das Rinderhackfleisch mit Pfeffer, saurer Sahne und dem Thymian vermengen. Nur leicht salzen – der Schinken liefert eine Menge davon. In acht Portionen teilen, zu Rollen formen und in die Schinkenscheiben wickeln.

2 Das Olivenöl in einer Pfanne erhitzen, die Schinkenröllchen mit der Nahtstelle nach unten hineinlegen und anbraten. Rundherum anbraten, dann bei schwacher Hitze noch etwa 10 Min. braten, zwischendurch ab und zu wenden.

3 Inzwischen den Fenchel waschen und putzen, in feine Streifen schneiden, das Fenchelgrün hacken. Paprikaschoten in Streifen schneiden. Die Brühe in einem Topf zusammen mit dem Fenchel aufkochen, den Fenchel zugedeckt bei schwacher Hitze 6–8 Min. dünsten. Paprikastreifen unterrühren, das Ganze mit Salz und Pfeffer abschmecken.

4 Die Schinkenröllchen zusammen mit dem Gemüse anrichten, das Fenchelgrün darüberstreuen.

Asia-Hackbällchen mit Sprossengemüse

3 Frühlingszwiebeln | 1 Knoblauchzehe | 1 EL Öl | 250 g mageres Rinderhackfleisch | 1 Handvoll Koriandergrün | Salz | Pfeffer aus der Mühle | 1–2 TL Currypulver | 1 rote Chilischote | 200 g Bohnenkeimlinge | 50 g Sprossen (z. B. Alfalfa)

Für 2 Personen | 40 Min. Zubereitung
Pro Portion 350 kcal, 30 g EW, 22 g F, 7 g KH

1 Die Frühlingszwiebeln und den Knoblauch schälen und sehr fein würfeln. Das Öl in einer beschichteten Pfanne leicht erhitzen, die Zwiebeln und den Knoblauch darin leicht anschwitzen. Vom Herd nehmen.

2 Etwa 2 EL der Zwiebelmischung aus der Pfanne zum Hackfleisch geben. Das Koriandergrün kalt abbrausen, trocken schütteln, fein hacken und dazugeben. Mit Salz, Pfeffer und Curry würzen und die Masse zu kleinen Bällchen formen.

3 Die Bällchen in der Pfanne mit der übrigen Zwiebelmischung rundherum kurz anbraten, dann 100 ml Wasser angießen und die Fleischbällchen etwa 5 Min. garen, zwischendurch wenden. Die Bällchen dann aus der Pfanne nehmen und warm stellen.

4 Die Chilischote waschen, putzen, entkernen und klein schneiden. Die Bohnenkeimlinge und die Sprossen kurz abbrausen. Alles in die Pfanne geben, 1–2 Min. bei starker Hitze garen. Mit Salz und Pfeffer abschmecken und zusammen mit den Fleischbällchen servieren.

SO WIRD'S EIN MITTAGESSEN: Reis passt bestens als Beilage zu den würzigen Hackbällchen. Garen Sie 200 g Basmatireis in Salzwasser, dann machen Sie die zusätzlichen 350 Kalorien und 78 g Kohlenhydrate wunderbar satt für den Nachmittag.

VARIANTE: Hackbällchen mexikanische Art
Dafür das Hackfleisch wie beschrieben mit gedünsteten Frühlingszwiebeln, Knoblauch und auch mit gehacktem Koriandergrün würzen. Statt Currypulver nehmen Sie jedoch etwas gemahlenen Kreuzkümmel oder 1 TL mexikanische Gewürzmischung. Die Bällchen nach dem Anbraten wie beschrieben aus der Pfanne nehmen, dann 2–3 klein gewürfelte Zucchini und die gehackte Chilischote in der Pfanne garen, abschmecken und mit den Hackbällchen anrichten. Wenn's ein Mittagessen sein soll, garen Sie 200 g Langkornreis und würzen diesen mit etwas Tomatenmark. Auch eine kleine Dose Kidneybohnen können Sie gut daruntermischen.

TIPP: Hackbällchen auf Vorrat
Kleine mundgerechte Hackfleischkugeln liebt jeder – immer wieder. Unser Tipp: Bereiten Sie doch gleich die doppelte oder eine noch größere Menge zu. Den zusätzlichen Anteil ebenfalls garen, danach abkühlen lassen, auf einem Blech oder einem kältebeständigen Tablett verteilt einfrieren, anschließend in Gefrierdosen oder Gefrierbeutel verpacken, diese verschließen und beschriften. Die Bällchen tauen schnell auf und sind jederzeit einsatzbereit, sie lassen sich mit immer wieder anderen Zutaten kombinieren und auch wunderbar mit an den Arbeitsplatz nehmen, etwa zusammen mit Tomatensalat. Morgens aus der Truhe genommen, sind sie bis zum Lunch längst aufgetaut.

Indische Hähnchenspieße mit Raita

350 g Hähnchenbrustfilet | 1 walnussgroßes Stück Ingwer | 1 Knoblauchzehe | 1 EL Garam Masala | 2 EL Zitronensaft | 250 g Naturjoghurt | Salz | Pfeffer aus der Mühle | ¼ TL gemahlener Kreuzkümmel | ½ Salatgurke | 2 Tomaten | 2 EL Öl | nach Belieben 4 Zweige Minze

Außerdem: 4 Holz- oder Metallspieße

Für 2 Personen | 30 Min. Zubereitung + 1 Std. Marinieren
Pro Portion 370 kcal, 46 g EW, 18 g F, 8 g KH

1 Die Hähnchenbrustfilets kalt abwaschen und trocken tupfen. Das Fleisch in 3–4 cm große Würfel schneiden. Den Ingwer und den Knoblauch schälen und fein würfeln, mit Garam Masala und dem Zitronensaft verrühren, das Hähnchenfleisch darin wenden. Zugedeckt mindestens 1 Std. in den Kühlschrank stellen.

2 Inzwischen den Joghurt mit Salz, Pfeffer und dem Kreuzkümmel würzen. Die Gurke schälen, längs halbieren und entkernen, das Fruchtfleisch raspeln. Die Tomaten halbieren, von Stielansätzen und Kernen befreien und klein würfeln. Beides unter den Joghurt rühren und diesen pikant abschmecken. Zugedeckt bis zum Servieren kalt stellen.

3 Das marinierte Fleisch auf Spieße reihen. Öl in einer Pfanne erhitzen, die Spieße hineinlegen und das Fleisch rundherum anbraten. Dann die Spieße bei schwacher Hitze noch ca. 10 Min. braten, zwischendurch mehrmals wenden.

4 Die Spieße zusammen mit dem Gurken-Joghurt servieren. Nach Belieben die Minze waschen und trocken schütteln, die Blättchen abzupfen, fein schneiden und darüberstreuen.

Griechisches Zitronenhähnchen

1 Bio-Zitrone | 2 Knoblauchzehen | 2 EL Olivenöl | 2 TL getrockneter Oregano oder Thymian | Salz | Pfeffer aus der Mühle | 2 Hähnchenbrustfilets (je ca. 150 g) | 1–2 Paprikaschoten | 1–2 rote Zwiebeln | 150 g kleine feste Champignons | 2 EL Pinienkerne

Für 2 Personen | 20 Min. Zubereitung + 30 Min. Garen
Pro Portion 350 kcal, 42 g EW, 17 g F, 8 g KH

1 Den Backofen auf 200° vorheizen. Die Zitrone heiß abwaschen und abtrocknen, die Schale fein abreiben und den Saft auspressen. Die Knoblauchzehen schälen und zerdrücken. Alles mit Olivenöl, Oregano oder Thymian, Salz und Pfeffer verrühren.

2 Die Hähnchenbrustfilets kalt abwaschen und trocken tupfen. Das Hähnchenfleisch in der Marinade wenden, abtropfen lassen und in eine ofenfeste Form legen.

3 Die Paprikaschoten waschen, putzen, entkernen und in Streifen schneiden. Die Zwiebeln schälen, in schmale Steifen schneiden. Die Champignons mit einem feuchten Tuch abreiben oder kurz waschen. Alles ebenfalls in der Marinade wenden und in die ofenfeste Form geben. Die Pinienkerne obenauf streuen.

4 Die Form in den vorgeheizten Ofen (Mitte, Umluft 180°) stellen. Alles ca. 30 Min. garen, zwischendurch mit dem sich bildenden Saft aus der Form einpinseln.

SO WIRD'S EIN MITTAGESSEN: Zusätzlich 600 g Kartoffeln waschen, in feine Spalten schneiden und in wenig Salzwasser 5 Min. vorkochen. Kartoffelspalten abtropfen lassen, mit Paprikapulver bestreuen und zusammen mit den übrigen Zutaten statt in einer ofenfesten Form auf einem Backblech verteilen und garen.

Mariniertes Hähnchen aus dem Dampf

2 Hähnchenbrustfilets (je ca. 150 g) | 1 kleine Bio-Zitrone | 2 EL Öl | Salz | weißer Pfeffer aus der Mühle | 1 TL gemahlener Koriander | 250 g gelbe Zucchini | 250 g grüne Zucchini | 1 Glas Geflügelfond (400 ml) | 2 Zweige Estragon | 2 EL Schmand

Außerdem: Topf mit Dämpfeinsatz oder Dampfgarer

Für 2 Personen | ⏱ 30 Min. Zubereitung + 2 Std. Marinieren
Pro Portion 370 kcal, 43 g EW, 19 g F, 6 g KH

1 Die Hähnchenfilets kalt abwaschen und trocken tupfen. Dicke Teile der Filets einschneiden und aufklappen, so dass die Filets überall ungefähr gleich dick sind.

2 Die Zitrone heiß abwaschen und trocken reiben. Die Schale fein abreiben und den Saft auspressen. Beides in einer Schüssel mit Öl, Salz, Pfeffer und Koriander verrühren. Die Hähnchenfilets darin wenden und zugedeckt 2 Std. kalt stellen.

3 Die Zucchini waschen und putzen, in schräge Scheiben schneiden. In einen Dämpfkorb oder in den Dämpfeinsatz eines elektrischen Dämpfers legen, die Hähnchenfilets nebeneinander darauflegen.

4 Den Fond in den Topf mit (noch nicht eingesetztem) Dämpfeinsatz oder in den Dämpfer gießen und aufkochen. Den Einsatz hineinstellen, Gemüse und Hähnchen zugedeckt 15–20 Min. dämpfen.

5 Den Estragon waschen und trocken schütteln, die Blättchen abzupfen und hacken. Dämpfeinsatz aus dem Topf oder Gerät nehmen. Den Fond aufkochen, Estragon und Schmand einrühren, bei starker Hitze 3–4 Min. sprudelnd kochen lassen, dann abschmecken und zusammen mit Zucchini und Hähnchen anrichten.

VARIANTE: Orangenhähnchen mit Chicorée
Das Hähnchen mit Orange statt mit Zitrone marinieren. Und statt mit Zucchini zusammen mit Chicorée dämpfen. Dafür 2 Chicoréestauden waschen und putzen, jede längs in drei »Scheiben« schneiden und auf dem Dämpfeinsatz auslegen. Das Hähnchenfleisch darauflegen und dämpfen.

TIPP: Gleiche Dicke = gleiche Garzeit
Da Hähnchenfilets meist an einer Seite deutlich dicker sind als an der gegenüberliegenden, werden sie vor dem Marinieren am besten aufgeschnitten. Dafür die Filets an der dicken Seite mit einem scharfen Messer so einschneiden, dass sie sich aufklappen lassen und dann überall nahezu gleich dick sind. Dadurch zieht nicht nur die Marinade überall gleichmäßig ein, das Fleisch wird auch gleichmäßig schnell gar und nicht an einer Seite frühzeitig trocken.

Blitz-Tafelspitz mit Meerrettichsauce

400 g Rinderfilet | 300 g TK-Brokkoli | Salz | 50 g frischer Meerrettich | 250 ml Fleisch- oder Gemüsebrühe | 1 EL Zitronensaft | 100 g Schmand | Pfeffer aus der Mühle

Für 2 Personen | 30 Min. Zubereitung
Pro Portion 400 kcal, 21 g EW, 22 g F, 18 g KH

1 Das Rinderfilet kalt abwaschen, Fett und Sehnen entfernen und das Fleisch in ½–1 cm dicke Scheiben schneiden.

2 Den Brokkoli in wenig Salzwasser knapp 10 Min. gar dünsten. Inzwischen den Meerrettich schälen und fein reiben.

3 Die Brühe zum Kochen bringen. Das Rindfleisch hineinlegen und zugedeckt bei schwacher Hitze ca. 3 Min. gar ziehen lassen. Das Fleisch aus der Brühe nehmen und zugedeckt warm stellen.

4 Die Brühe bei starker Hitze etwas einkochen lassen. Meerrettich, Zitronensaft und den Schmand zur Brühe geben, alles kräftig verrühren und aufkochen. Die Brühe mit Salz und Pfeffer abschmecken, das Fleisch hineingeben und sofort zusammen mit dem abgetropften Brokkoli servieren.

VARIANTE: Statt mit unserem gewohnten Meerrettich verfeinern Sie die Sauce doch auch einmal mit Wasabi, dem grünen japanischen Meerrettich. Der ist ebenfalls scharf, bringt aber noch eine völlig andere Geschmacksnote ins Spiel. Den Wasabi anfangs sehr vorsichtig dosieren!

Steinpilz-Kalbsgulasch

400 g Kalbfleisch (z. B. aus der Schulter) | 200 g Zwiebeln | 1 EL Öl | ⅛ l Fleischbrühe | Salz | Pfeffer aus der Mühle | 2 EL frische Thymianblättchen (und Thymian zum Garnieren) | etwas abgeriebene Bio-Zitronenschale | 200 g Steinpilze | 2 EL Schmand

Für 2 Personen | 20 Min. Zubereitung + ca. 1 Std. 10 Min. Schmoren
Pro Portion 410 kcal, 50 g EW, 18 g F, 12 g KH

1 Das Fleisch kalt abbrausen, trocken tupfen und mundgerecht würfeln. Die Zwiebeln schälen und klein würfeln.

2 Das Öl in einem Schmortopf erhitzen und das Fleisch darin rundherum braun anbraten. Die Zwiebeln dazugeben und ebenfalls etwas Farbe annehmen lassen. Mit der Brühe ablöschen und mit Salz, Pfeffer, Thymian und Zitronenschale würzen, alles zugedeckt bei schwacher Hitze etwa 70 Min. schmoren.

3 Die Steinpilze mit einem feuchten Tuch abreiben und putzen, klein schneiden. Eine beschichtete Pfanne erhitzen und die Pilze darin ohne Zugabe von Fett einige Minuten braten.

4 Die Pilze und den Schmand unter das Gulasch rühren, dieses abschmecken und mit Thymian bestreut servieren.

SO WIRD'S EIN MITTAGESSEN: Zum Gulasch passen Spätzle am allerbesten. Genießen Sie eine üppige Portion, 100 Gramm davon liefern, je nach Sorte, ungefähr 70 Gramm sättigende Kohlenhydrate und 360 Kalorien.

VARIANTE: Die Steinpilze lassen sich bestens durch andere Pilze ersetzen. Preiswert und stets und überall zu bekommen sind natürlich Champignons. Nehmen Sie die braunen Exemplare, die haben mehr Aroma als die hellen. Ebenfalls viel Aroma haben die immer beliebter werdenden Kräuterseitlinge.

Auberginentaler mit Lammragout

1 große Aubergine (400 g) | Salz | 1 Salatgurke | 200 g Schafsmilch-Joghurt | 2 EL TK-Schnittlauch | Pfeffer aus der Mühle | 250 g Lammrückenfilet (Lamm-Lachse) | 1 große Zwiebel | 1 Knoblauchzehe | 4 Zweige Thymian | 2 EL Olivenöl | 1/8 l Fleischbrühe | 2 EL Tomatenmark

Für 2 Personen | 30 Min. Zubereitung
Pro Portion 360 kcal, 33 g EW, 20 g F, 12 g KH

1 Die Aubergine waschen. Aus dem Mittelteil 6–8 etwa 1,5 cm dicke Scheiben schneiden. Die Scheiben leicht salzen und ruhen lassen, während die übrigen Zutaten vorbereitet werden. Den Rest der Aubergine sehr klein würfeln.

2 Die Gurke schälen und grob raspeln, ein wenig ausdrücken, dann die Raspel mit dem Joghurt und dem Schnittlauch verrühren, mit Salz und Pfeffer würzen.

3 Das Lammrückenfilet kalt abwaschen, trocken tupfen und in ½ cm große Würfel schneiden. Die Zwiebel und den Knoblauch schälen und klein würfeln. Den Thymian waschen und trocken schütteln, die Blättchen von den Stielen streifen.

4 Die Auberginenscheiben mit Küchenpapier trocken tupfen. Eine breite beschichtete Pfanne trocken erhitzen, die Auberginenscheiben darin etwa 6 Min. goldbraun braten, zwischendurch mit Salz und Pfeffer würzen.

5 Parallel dazu das Olivenöl in einer Pfanne erhitzen. Das Lammfleisch einrühren und ½ Min. scharf anbraten, dann aus der Pfanne nehmen. Die Zwiebelwürfel, den Knoblauch und die gewürfelte Aubergine in die Pfanne geben und unter gelegentlichem Rühren ca. 3 Min. braten. Brühe, Tomatenmark und den Thymian einrühren, mit Salz und Pfeffer würzen.

6 Zuletzt das Lammfleisch wieder dazugeben, das Ragout abschmecken und zusammen mit den gebratenen Auberginenscheiben und dem Gurkenjoghurt genießen.

TIPP: Wenn Sie Lammfleisch nicht so gern mögen oder keines bekommen, bereiten Sie das Ragout einfach mit Rind- oder Schweinefleisch zu. Kaufen Sie am besten auch in diesem Fall Filet, das kommt nach der superkurzen Garzeit zart und saftig auf den Tisch.

VARIANTE: Veggie-Auberginentaler
Dafür die Aubergine wie beschrieben vorbereiten, salzen und kurz ziehen lassen, damit Wasser austreten kann. Statt Lammfleisch etwa 80 g Soja-Schnetzel (gibt's in größeren Supermärkten und im Bioladen) ungefähr 10 Min. in Gemüsebrühe einweichen, abtropfen lassen und zusammen mit Zwiebelwürfeln, Knoblauch und der klein gewürfelten Aubergine in etwas Olivenöl braten. Herzhaft würzen und zusammen mit den gebratenen Auberginentalern anrichten.

Stifado aus dem Tontopf

350 g Lammrückenfilet oder Kaninchenfilet | 1 Lorbeerblatt | ½ Zimtstange | 100 ml trockener Rotwein oder Fleischbrühe | 2 Fleischtomaten | 250 g Schalotten | 2 Knoblauchzehen | Nelkenpulver | Salz | Pfeffer aus der Mühle | 2 TL Rotweinessig | 2 Scheiben Eiweißbrot (je ca. 30 g)

Außerdem: Tontopf

Für 2 Personen | 20 Min. Zubereitung + ca. 1 Std. Schmoren
Pro Portion 370 kcal, 47 g EW, 10 g F, 12 g KH

1 Den Tontopf wässern. Fleisch waschen, trocken tupfen und in mundgerechte Würfel schneiden. Mit Lorbeer und Zimt in eine hohe Schüssel geben, mit dem Wein übergießen. Zugedeckt beiseitestellen.

2 Die Tomaten kreuzweise einritzen, mit kochendem Wasser überbrühen und häuten. Ohne Stielansätze und Kerne grob würfeln. Die Schalotten und den Knoblauch schälen, die Schalotten grob zerteilen, den Knoblauch in Stifte schneiden.

3 Fleisch mitsamt der Marinade in den Tontopf geben. Tomaten, Schalotten und Knoblauch dazugeben. Alles mit 1 Prise Nelkenpulver, Salz und Pfeffer würzen. Den gewässerten Tondeckel auflegen. Den Tontopf in den kalten (!) Backofen stellen, alles bei 200° (Umluft 180°) etwa 50–60 Min. schmoren. Mit Salz, Pfeffer und dem Essig abschmecken, das Lorbeerblatt und die Zimtstange entfernen. Das Eiweißbrot zum Stifado genießen.

Mariniertes Kaninchenfilet mit Pilzen

300 g Kaninchenfilet | einige Zweige Thymian | 1 TL Wacholderbeeren | Salz | Pfeffer aus der Mühle | 2 EL Öl | 300 g gemischte Pilze | ⅛ l Wildfond (ersatzweise Gemüsebrühe) | 1 EL Schmand

Für 2 Personen | 30 Min. Zubereitung + 2 Std. Marinieren
Pro Portion 348 kcal, 33 g EW, 23 g F, 2 g KH

1 Die Kaninchenfilets und den Thymian kalt abwaschen und trocken tupfen. Die Thymianblättchen abzupfen. Die Wacholderbeeren zerdrücken oder hacken, mit Salz, Pfeffer, etwas Thymian und 1 EL Öl verrühren, die Kaninchenfilets damit einreiben. Zugedeckt 2 Std. kalt stellen.

2 Die Pilze mit einem feuchten Tuch abreiben oder kurz abbrausen und abtrocknen. Putzen und in Scheiben oder Würfel schneiden. 1 EL Öl in einer beschichteten Pfanne erhitzen, die Pilze darin scharf anbraten. Salzen und pfeffern, den restlichen Thymian einrühren und die Pilze bei reduzierter Hitze 5–10 Min. garen.

3 Parallel dazu eine zweite Pfanne erhitzen. Die marinierten Kaninchenfilets darin rundherum scharf anbraten, dann bei etwas reduzierter Hitze rundherum noch knapp 5 Min. braten.

4 Die Filets aus der Pfanne nehmen und warm stellen. Den Wildfond oder die Brühe in die Pfanne gießen und etwas einkochen lassen. Den Schmand einrühren, die Sauce abschmecken und zusammen mit dem Fleisch und dem Pilzgemüse anrichten.

Italienische Leber-Spießchen mit Zucchinigemüse

300 g Geflügelleber | 1 Knoblauchzehe | 1 EL Fenchelsamen | ½ TL schwarze Pfefferkörner | 8 kleine frische Lorbeerblätter | je 1 gelber und grüner Zucchino | 2 EL Olivenöl | Salz | Pfeffer aus der Mühle

Für 2 Personen | 30 Min. Zubereitung
Pro Portion 330 kcal, 31 g EW, 18 g F, 11 g KH

1 Die Leber kalt abwaschen und trocken tupfen, in flache, mundgerechte Stückchen schneiden. Dabei alle Sehnen entfernen. Den Knoblauch schälen und durch die Presse drücken. Die Fenchelsamen und die Pfefferkörner im Mörser zerdrücken, mit dem Knoblauch vermischen.

2 Lorbeer waschen und trocken tupfen. Die Leberstücke mit der Gewürzmischung einreiben, mit den Lorbeerblättern auf Spieße reihen.

3 Die Zucchini waschen, abtrocknen und in Scheiben schneiden. Je 1 EL Öl in zwei beschichteten Pfannen erhitzen, die Spieße und die Zucchini in den beiden Pfannen etwa 6–8 Min. rundherum braten. Zwischendurch mit Salz und Pfeffer aus der Mühle würzen. Spieße und Zucchini zusammen anrichten.

TIPP: Ein wenig üppiger wird das Abendessen, wenn Sie noch etwas Eiweißbrot dazu genießen. Bitte kein herkömmliches Brot wählen – das ist bekanntlich wegen des hohen Kohlenhydratgehaltes nicht zu empfehlen.

Rehragout mit Pilzen

20 g getrocknete Steinpilze | 2 Zwiebeln | 350 g Rehfleisch (z. B. Gulaschfleisch aus der Keule) | 1 Lorbeerblatt | ½ TL Wacholderbeeren | Salz | Pfeffer aus der Mühle | 1 EL Öl | ⅛ l trockener Rotwein | 1 Päckchen passierte Tomaten (ca. 330 g) | 2 EL Naturjoghurt

Für 2 Personen | 15 Min. Zubereitung + 30 Min. Einweichen + 1 Std. Schmoren
Pro Portion 430 kcal, 45 g EW, 18 g F, 12 g KH

1 Die getrockneten Steinpilze abbrausen, in einem Schälchen mit warmem Wasser bedecken und etwa 30 Min. einweichen.

2 Inzwischen die Zwiebeln schälen, klein würfeln. Das Rehfleisch kalt abwaschen, trocken tupfen und in 2–3 cm große Stücke schneiden. Das Lorbeerblatt fein zerbröseln, Wacholderbeeren mit einem großen Messer hacken oder im Mörser zerstoßen. Beides mit etwas Salz und Pfeffer mischen.

3 Das Öl in einem Topf erhitzen, das Fleisch darin rundherum bei starker Hitze anbraten. Die Zwiebeln dazugeben und kurz mit anbraten. Die vorbereitete Gewürzmischung dazugeben.

4 Die Pilze in ein feines Sieb gießen, das abtropfende Pilzwasser dabei auffangen. Die Pilze eventuell etwas kleiner schneiden, zum Ragout geben und kurz mit anschwitzen. Das Einweichwasser der Pilze und den Wein angießen, die Tomaten ebenfalls dazugeben. Alles zugedeckt bei schwacher Hitze etwa 1 Std. schmoren.

5 Das Ragout abschmecken. Den Joghurt glatt rühren, würzen und zum Servieren auf das Ragout geben.

VARIANTE: Statt mit Reh können Sie das leckere Ragout auch mit Rind zubereiten, die Garzeit bleibt gleich. Oder Sie nehmen das zarte Putenfleisch, dann reichen 30 Min. als Schmorzeit.

Buntes Fischfrikassee

1 Lauchstange | 1 TL Butter | 200 ml Fischfond (ersatzweise Gemüsebrühe) | 125 g Lachsfilet | 125 g Seelachsfilet | 1 Bio-Zitrone | Salz | weißer Pfeffer aus der Mühle | ½ Bund Dill | 75 g Schmand

Für 2 Personen | 30 Min. Zubereitung
Pro Portion 376 kcal, 40 g EW, 19 g F, 10 g KH

1 Den Lauch putzen, aufschlitzen und gründlich waschen. Trocken schütteln und in Ringe schneiden. Die Butter in einem breiten Topf zerlassen, den Lauch darin anschwitzen. Mit dem Fond ablöschen, aufkochen und offen bei starker Hitze 6–8 Min. etwas einkochen lassen.

2 Das Lachsfilet und das Seelachsfilet kalt abwaschen und trocken tupfen. In mundgerechte Würfel schneiden. Die Zitrone heiß abwaschen und abtrocknen, die Schale fein abreiben, 1 EL Saft auspressen. Beides über die Fischwürfel geben, alles mit Salz und Pfeffer würzen.

3 Die marinierten Fischstücke vorsichtig unter den Lauch mischen. Alles noch ca. 5 Min. bei schwacher Hitze köcheln lassen.

4 Den Dill waschen und trocken schütteln, die Blättchen abzupfen und fein hacken, mit dem Schmand verrühren und diesen salzen und pfeffern. Das Frikassee ebenfalls würzen und abschmecken, mit dem Schmand servieren.

Fischpfanne mit Kressegemüse

400 g gemischtes Fischfilet (z. B. Lachsforelle und Seelachs) | Zitronensaft | Salz | weißer Pfeffer aus der Mühle | 1 Bund Brunnenkresse (siehe Info rechts) | 2 EL Olivenöl | 100 ml Fischfond (ersatzweise milde Gemüsebrühe) | 150 g Frischkäse (12 % Fett) | mittelscharfer Senf

Für 2 Personen | 30 Min. Zubereitung
Pro Portion 354 kcal, 39 g EW, 20 g F, 4 g KH

1 Die Fischfilets kalt abbrausen, trocken tupfen und mundgerecht würfeln. Mit Zitronensaft beträufeln, salzen und pfeffern. Die Brunnenkresse gründlich waschen, trocken schütteln und verlesen, die groben Stiele entfernen.

2 Das Öl in einer weiten Pfanne mittelstark erhitzen. Die Fischstücke darin kurz rundum anbraten. Mit dem Fischfond ablöschen.

3 Die Kresse und den Frischkäse in die Pfanne geben und vorsichtig unterrühren. Knapp 5 Min. leicht köcheln lassen, dann mit Senf, Salz und Pfeffer abschmecken.

INFO: Brunnenkresse
Brunnenkresse ist eine krautige Wasserpflanze, deren Blätter (die oben im Rezeptbild gut zu sehen sind) eine leicht pfeffrige Geschmacksnote haben. Auf Wochenmärkten oder in guten Gemüsegeschäften wird sie bundweise verkauft. Wenn Sie einen Teich im Garten haben, können Sie kleine Brunnenkressepflanzen kaufen und am Wasserrand einsetzen, das dunkle Grün gedeiht dort bestens. Sollte weder Kauf noch eigene Ernte möglich sein, verwenden Sie für die Sauce ein Kästchen Gartenkresse oder eine Handvoll fein geschnittenen Rucola.

Gedünstete Forelle mit Mangoldgemüse

2 Forellen (küchenfertig; je ca. 300 g) | 1 Bio-Zitrone | 8 Zweige Thymian | Salz | weißer Pfeffer aus der Mühle | 1 TL gemahlener Koriander | 4 Frühlingszwiebeln | 1 EL Olivenöl | 1 kleine Mangoldstaude (300 g) | 1 EL Butter | 100 ml Gemüsebrühe

Außerdem: Alufolie

Für 2 Personen | 45 Min. Zubereitung
Pro Portion 364 kcal, 38 g EW, 20 g F, 8 g KH

1 Den Backofen auf 200° vorheizen. Die Forellen kalt waschen, gründlich innen und außen trocken tupfen. Die Zitrone heiß waschen und abtrocknen. Die Schale fein abreiben und den Saft auspressen. Den Thymian waschen und trocken schütteln. Von 4 Zweigen die Blättchen abstreifen.

2 Die Forellen innen und außen mit Salz, Pfeffer, Koriander, etwas Zitronenschale und etwas Zitronensaft würzen. Jeweils zwei Thymianzweige in die Bauchöffnungen geben. Die Frühlingszwiebeln waschen und in schräge Ringe schneiden. Die Hälfte davon auf die Forellen streuen.

3 Zwei ausreichend große Stücke Alufolie bereitlegen und mit Olivenöl einpinseln. Die Forellen daraufsetzen und die Folie locker darüber verschließen. Auf ein Backblech legen und im vorgeheizten Ofen (Mitte, Umluft 180°) ca. 25 Min. garen.

4 Inzwischen den Mangold waschen und trocken schütteln, dann putzen. Stiele und Blätter voneinander trennen, beides in Streifen schneiden. Die Butter in einem Topf zerlassen, die Mangoldstiele und den Rest der Frühlingszwiebeln darin anschwitzen. Mit der Brühe ablöschen, 4 Min. zugedeckt bei schwacher Hitze dünsten.

5 Die grünen Mangoldteile einrühren, mit Salz, Pfeffer, Zitronensaft, Zitronenschale und dem restlichen Thymian würzen. Noch 3–5 Min. zugedeckt bei schwacher Hitze dünsten. Zusammen mit den Forellen anrichten.

TIPP: Forelle vom Grill
Sommerzeit ist Grillzeit – und diese Forellen sind eine leichte und gesunde Abwechslung zu Steak und Wurst vom Grillrost. Sie können die Forellen wie beschrieben vorbereiten. Da sie in Alufolie gewickelt werden, können sie statt im Backofen auch auf dem Grill gegart werden. Wählen Sie moderate Hitze, das heißt, setzen Sie den Grillrost entsprechend hoch über die Kohle, oder legen Sie die Päckchen an den Rand des Grillrosts, also nicht direkt über die stark glühende Kohle. Genießen Sie einen bunt gemischten Salat zu den Grillforellen, den Sie wunderbar vorbereiten können.

VARIANTE: Meerespäckchen
Diese sind ideal, wenn Sie Fisch gänzlich grätenfrei genießen möchten. Dafür statt der Forellen 2 Stücke Seefischfilet à ca. 150 g kaufen, nach Belieben preiswerte Sorten wie Kabeljau oder auch Spezialitäten wie Dorade oder Seewolf. Die Filets kalt abwaschen und trocken tupfen, mit Salz, Pfeffer und einigen Tropfen Zitronensaft und Olivenöl marinieren, auf gefettete große Stücke Alufolie legen und die Folie darüber zusammenfassen und -drücken. Die Garzeit ist etwas kürzer, je nach Dicke der Filets braucht der Fisch nur 12–20 Minuten.

Mediterranes Fischgratin

1 Zucchino | 1 kleine Aubergine | 1 Paprikaschote | 2 EL Olivenöl | 1 kleine Dose geschälte gehackte Tomaten (400 g) | Salz | Pfeffer aus der Mühle | 1 TL getrockneter Majoran | 250 g Doradenfilet (oder anderes Fischfilet; frisch oder tiefgefroren) | 1 Knoblauchzehe | 2 EL kleine Kapern | 1 TL abgeriebene Bio-Zitronenschale | 50 g Fetakäse »light« | 2 EL Pinienkerne

Außerdem: Gratinform

Für 2 Personen | 40 Min. Zubereitung
Pro Portion 355 kcal, 30 g EW, 22 g F, 10 g KH

1 Das Gemüse waschen und putzen, klein würfeln. In einem Topf im Olivenöl das Gemüse unter Rühren anschwitzen. Die Tomaten dazugeben, mit Salz, Pfeffer sowie dem Majoran würzen und zugedeckt bei schwacher Hitze 15 Min. köcheln lassen.

2 Den Backofen auf 200° (Umluft 180°) vorheizen. Das Doradenfilet kalt abwaschen und trocken tupfen. Auf eventuell noch vorhandene Gräten untersuchen und diese gegebenenfalls entfernen.

3 Den Knoblauch schälen und fein würfeln, mit den Kapern, der Zitronenschale, Salz und Pfeffer mischen. Den Fetakäse zerbröckeln und dazugeben.

4 Das Tomatengemüse pikant abschmecken, in eine Gratinform geben. Das Fischfilet darauflegen, leicht hineindrücken. Kapern-Käse-Mischung und Pinienkerne aufstreuen und alles im vorgeheizten Ofen (Mitte) ca. 10 Min. überbacken.

Seelachspfanne mit Zucchini

1 große Zwiebel | 400 g kleine Zucchini | 250 g Seelachsfilet | 2 EL Butter | ⅛ l trockener Weißwein oder Fischfond | 50 g Schmand | Salz | weißer Pfeffer aus der Mühle | ½ Bund Petersilie

Für 2 Personen | 30 Min. Zubereitung
Pro Portion 365 kcal, 30 g EW, 20 g F, 6 g KH

1 Die Zwiebel schälen und in kleine Würfel schneiden. Die Zucchini waschen, putzen und fein stifteln. Das Seelachsfilet kalt abwaschen, trocken tupfen und in Streifen schneiden.

2 In einer Pfanne 1 EL Butter erhitzen. Den Fisch darin kurz anbraten, dann wieder aus der Pfanne nehmen und zugedeckt warm stellen.

3 Die restliche Butter in der Pfanne erhitzen, die Zwiebelwürfel darin glasig werden lassen. Die Zucchinistifte dazugeben und kurz mit anbraten.

4 Den Wein oder den Fond in die Pfanne gießen, die Flüssigkeit bei starker Hitze in 1–2 Min. etwas einkochen lassen. Den Schmand einrühren, zuletzt die Seelachsstreifen wieder in die Pfanne geben. Alles vorsichtig vermischen, mit Salz und Pfeffer würzen und noch 2–3 Min. erhitzen.

5 Die Petersilie waschen, trocken schütteln und hacken. Über die anderen Zutaten streuen und alles sofort servieren.

Ungarisches Zanderfilet

2 Zwiebeln | 2 Paprikaschoten | ⅛ l Gemüsebrühe | 300 g Zanderfilet | Salz | weißer Pfeffer aus der Mühle | 1–2 TL edelsüßes Paprikapulver | 1 EL Butterschmalz | 75 g saure Sahne | 1–2 TL Rosen-Paprikapulver |2 Zweige Petersilie

Für 2 Personen | 30 Min. Zubereitung
Pro Portion 329 kcal, 31 g EW, 19 g F, 7 g KH

1 Die Zwiebeln schälen und in dünne Scheiben schneiden. Die Paprikaschoten waschen, putzen, entkernen und in feine Streifen schneiden. Beides mit der Brühe in einen Topf geben, aufkochen und zugedeckt 10 Min. dünsten.

2 Das Zanderfilet kalt abwaschen und trocken tupfen. Das Filet in Portionsstücke teilen, mit Salz, Pfeffer und edelsüßem Paprikapulver würzen. Petersilie waschen, trocken tupfen und die Blättchen hacken.

3 Das Butterschmalz in einer Pfanne erhitzen, Fischfilets darin rundherum anbraten. Bei schwacher Hitze von jeder Seite noch 3–4 Min. braten.

4 Das Gemüse vom Herd nehmen, die saure Sahne einrühren. Nicht mehr kochen lassen. Abschmecken und zum Zanderfilet servieren. Rosen-Paprikapulver und etwas gehackte Petersilie aufstreuen.

VARIANTE: Mehr Volumen und ein noch herzhafteres Essen können Sie servieren, wenn Sie zusätzlich eine kleine Dose oder ein kleines Paket Sauerkraut zusammen mit den Zwiebeln und den Paprikaschoten garen. Es bleibt ein ungarischer Genuss, denn Sauerkraut ist in der Donaurepublik seit jeher ebenso beliebt wie Paprika.

Tiroler Forellenfilets

300 g frische Forellenfilets | Salz | weißer Pfeffer aus der Mühle | 2 Köpfe Radicchio | 75 g Schalotten | 1 EL Butter | 2 TL geschälte gemahlene Mandeln | 1/8 l Fischfond oder Gemüsebrühe | 1 Bund Basilikum | 50 g Schlagsahne

Für 2 Personen | 25 Min. Zubereitung
Pro Portion 365 kcal, 32 g EW, 25 g F, 3 g KH

1 Die Forellenfilets kalt abwaschen und trocken tupfen, salzen und pfeffern. Den Radicchio waschen, putzen und die Blätter in Streifen schneiden.

2 Die Schalotten schälen und fein würfeln. 1/2 EL Butter in einem kleinen Topf zerlassen, die Schalotten darin leicht anbraten. Die Mandeln einrühren und mit anschwitzen, Fischfond oder Gemüsebrühe angießen und die Sauce 3–5 Min. bei mittlerer Hitze köcheln lassen.

3 Die restliche Butter in einer Pfanne aufschäumen und die Forellenfilets darin bei schwacher Hitze von jeder Seite 1–2 Min. garen. Gleichzeitig den Radicchio zugedeckt in wenig Salzwasser 3–4 Min. dünsten.

4 Das Basilikum waschen und trocken schütteln, die Blättchen abzupfen und grob hacken, zur Mandelsauce geben. Die Sauce pürieren und wieder aufkochen lassen. Die Sahne steif schlagen und unterheben. Die Sauce abschmecken. Zusammen mit abgetropftem Radicchio und den Forellenfilets anrichten.

Fischfilet spanische Art mit Brokkoli

1 große Zwiebel | 2 Knoblauchzehen | 2 EL Olivenöl | 20 g Mandelstifte | 100 ml Fischfond oder Gemüsebrühe | 1 Döschen gemahlener Safran | Salz | Pfeffer aus der Mühle | 500 g Brokkoli | 300 g Seefischfilet (z. B. Dorade oder Scholle)

Für 2 Personen | 30 Min. Zubereitung
Pro Portion 354 kcal, 34 g EW, 21 g F, 6 g KH

1 Die Zwiebel und den Knoblauch schälen und fein würfeln. 1 EL Olivenöl in einem Topf erhitzen, Mandeln, Zwiebeln und Knoblauch darin leicht anbraten. Mit Fischfond oder Gemüsebrühe ablöschen, Safran einrühren, mit Salz und Pfeffer würzen und zugedeckt 10 Min. köcheln lassen.

2 Den Brokkoli waschen, putzen und in Röschen teilen. Zugedeckt in wenig Salzwasser etwa 8 Min. dünsten.

3 Gleichzeitig das restliche Olivenöl in einer Pfanne erhitzen. Die Fischfilets portionieren, trocken tupfen und im Öl von jeder Seite etwa 2 Min. bei mittlerer Hitze braten, dabei salzen und pfeffern.

4 Den Brokkoli abtropfen lassen, mit den Fischfilets anrichten. Die Safransauce abschmecken und darübergeben.

VARIANTE: Romanesco statt Brokkoli
Romanesco wird wegen seines Aussehens auch Minarettkohl genannt, ist ein enger Verwandter des Blumenkohls und hat von Italien aus den Weg auf unsere Märkte gefunden. Beliebt ist Romanesco vor allem wegen seiner außergewöhnlich geformten Röschen. Doch neben der optischen Attraktivität überzeugt er auch durch seinen feinen Geschmack: Romanesco schmeckt dezenter als Blumenkohl, aber würziger als der zarte Brokkoli. Garen Sie ihn nicht zu lange, sonst tritt der Kohlgeschmack stärker in den Vordergrund.

Thai-Dorade mit Bambussprossen

1 rote Chilischote | 1 Bund Frühlingszwiebeln | 125 g Mungobohnensprossen | 150 g Bambusschösslinge (aus der Dose) | 1 EL Öl | 1 EL grüne Currypaste | 100 ml Gemüsebrühe | 4 EL Kokosnusspulver | 3–4 EL helle Sojasauce | 300 g Doradenfilet (oder anderes Fischfilet) | Salz | Pfeffer aus der Mühle | 2 Zweige Thai-Basilikum oder Minze

Außerdem: Tischgrill

Für 2 Personen | 30 Min. Zubereitung
Pro Portion 393 kcal, 39 g EW, 23 g F, 7 g KH

1 Die Chilischote waschen, putzen, entkernen und in feine Streifen schneiden. Die Frühlingszwiebeln waschen, putzen, in schräge Ringe schneiden. Die Bohnensprossen kalt abbrausen, die Bambusschösslinge abtropfen lassen und in feine Stifte schneiden.

2 Das Öl in einer Pfanne leicht erhitzen, die vorbereiteten Zutaten darin unter Rühren anbraten. Die Currypaste einrühren, mit der Brühe ablöschen. Das Kokosnusspulver und die Sojasauce einrühren, alles bei schwacher Hitze ca. 5 Min. köcheln lassen.

3 Inzwischen einen Tischgrill aufheizen. Das Fischfilet kalt abwaschen und trocken tupfen, in Portionsstücke schneiden. Mit Salz und Pfeffer würzen, von jeder Seite etwa 3 Min. grillen. Das Gemüse abschmecken, mit dem Fischfilet anrichten und mit den gewaschenen Kräutern garnieren.

Fischröllchen im Spinatbett

250 g Schollenfilet (frisch oder tiefgefroren) | ½ Bio-Zitrone | 2 EL gemahlene Mandeln | 1 TL kleine Kapern | 2 EL Tomatenmark | Salz | weißer Pfeffer aus der Mühle | 1 Zwiebel | 2 EL Olivenöl | 1 Knoblauchzehe | 500 g TK-Blattspinat | 100 ml Gemüsebrühe | 4 EL Mandelblättchen

Für 2 Personen | 30 Min. Zubereitung
Pro Portion 336 kcal, 30 g EW, 22 g F, 4 g KH

1 Tiefgefrorenes Schollenfilet auftauen lassen, die Filets kurz kalt abbrausen und trocken tupfen.

2 Die Zitrone heiß abwaschen, die Schale fein abreiben und etwas Saft auspressen. Die gemahlenen Mandeln in einer kleinen Pfanne ohne Zugabe von Fett goldgelb rösten, mit Zitronenschale, 1–2 TL Zitronensaft, Kapern, Tomatenmark, Salz und Pfeffer mischen.

3 Die Schollenfilets ausbreiten und mit der Mandel-Tomaten-Creme bestreichen. Die Filets vorsichtig aufrollen und zugedeckt kalt stellen.

4 Die Zwiebel schälen und klein würfeln. Das Olivenöl in einem Topf erhitzen und die Zwiebelwürfel darin glasig werden lassen. Den Knoblauch schälen und dazupressen. Den Spinat dazugeben, die Brühe angießen. Den Spinat unter häufigem Rühren zunächst auftauen und anschließend aufkochen lassen.

5 Den Spinat abschmecken. Die vorbereiteten Fischröllchen hineinlegen, zugedeckt alles bei mittlerer Hitze ca. 8 Min. dünsten.

6 Inzwischen die Mandelblättchen in der kleinen Pfanne ohne Zugabe von Fett goldbraun rösten. Vor dem Servieren über Fischröllchen und Spinat streuen.

SCHNELLE VARIANTE: Wenn Ihnen das Bestreichen und Aufrollen der zarten Schollenfilets zu aufwändig ist, legen Sie mit Salz, Pfeffer und nach Belieben mit gemahlenem Koriander gewürzte Stücke eines beliebigen Fischfilets in den Spinat, um sie wie im Rezept beschrieben darin zu garen.

TIPP: Schollenfilets sind zart und dünn. Tiefgefrorene Exemplare tauen innerhalb einer halben Stunde auf, wenn Sie sie aus der Packung nehmen und auf einem Teller ausbreiten. Möchten Sie das Auftauen in der Mikrowelle beschleunigen, sollten Sie eine sehr niedrige Leistungsstufe einstellen und die Filets nicht länger als 15 Sekunden am Stück der Mikrowellenleistung aussetzen, sondern etappenweise, bis sie aufgetaut sind. Es kann sonst rasch passieren, dass die zarten Filets an den Rändern bereits garen.

Meeresfrüchte mit Auberginenpüree

1 große Aubergine (ca. 400 g) | 1/4 l Gemüsebrühe | 3 EL Olivenöl | Salz | Pfeffer aus der Mühle | Zimtpulver | 2 Zwiebeln | 1 Knoblauchzehe | 350 g gemischte Meeresfrüchte (TK) | 1/8 l trockener Rotwein oder Fischfond | 1 TL getrockneter Majoran

Für 2 Personen | 30 Min. Zubereitung
Pro Portion 354 kcal, 28 g EW, 19 g F, 9 g KH

1 Die Aubergine waschen, abtrocknen und putzen, in Würfel schneiden. Die Brühe in einem Topf aufkochen und die Auberginenwürfel darin etwa 10 Min. garen. Abtropfen lassen und pürieren, dann mit 2 EL Olivenöl, Salz, Pfeffer und 1 Prise Zimtpulver verrühren.

2 Parallel dazu die Zwiebeln schälen und grob würfeln. 1 EL Olivenöl in einer Pfanne erhitzen, die Zwiebeln darin leicht anbraten. Den Knoblauch schälen, dazupressen und mit anbraten.

3 Die Meeresfrüchte in die Pfanne geben, dann mit dem Wein oder dem Fond ablöschen. Mit Salz, Pfeffer und Majoran würzen, offen 3–4 Min. garen. Das Auberginenpüree und die Meeresfrüchte abschmecken und zusammen servieren.

Scharfe Garnelen im Spinatnest

1 Zwiebel | 3 EL Olivenöl | 500 g TK-Blattspinat | Salz | Pfeffer aus der Mühle | 1 rote Chilischote | 300 g geschälte gekochte Garnelen | 1 TL Fenchelsamen | 20 g Pinienkerne

Für 2 Personen | 20 Min. Zubereitung
Pro Portion 326 kcal, 31 g EW, 21 g F, 3 g KH

1 Die Zwiebel schälen und klein würfeln. 1 EL Olivenöl in einem Topf erhitzen, die Zwiebelwürfel darin glasig dünsten. Den Spinat dazugeben, mit Salz und Pfeffer würzen und zugedeckt unter häufigem Rühren bei schwacher Hitze auftauen lassen.

2 Inzwischen die Chilischote waschen, putzen und entkernen, in feine Streifen schneiden. Die Garnelen kalt abwaschen und gut trocken tupfen.

3 Das restliche Öl in einer Pfanne erhitzen, die Chilistreifen und die Garnelen hineingeben. Mit Salz, Pfeffer und den Fenchelsamen würzen, bei mittlerer Hitze etwa 5 Min. braten.

4 Den Spinat einmal aufkochen und abschmecken. Auf Teller geben und zu Nestern formen. Die Garnelen in die Mitte geben. Die Pinienkerne in einer kleinen Pfanne ohne Zugabe von Fett rösten und darüberstreuen.

Italienischer Vanillebecher

2 EL Pinienkerne (ca. 20 g) | 150 g Ricotta | Stevia-Süßungsmittel (s. Info S. 135) | 1/4 TL gemahlene Vanille | 3–4 Tropfen Bittermandelöl

Für 2 Personen | 10 Min. Zubereitung
Pro Portion 180 kcal, 8 g EW, 15 g F, 4 g KH

1 Die Pinienkerne grob hacken und in einer trockenen Pfanne ohne Zugabe von Fett goldbraun rösten. Herausnehmen und etwas abkühlen lassen.

2 Ricotta in einer Schüssel mit etwas Stevia-Pulver (Dosierung nach Packungsaufschrift) und der Vanille verrühren. Die Hälfte der Pinienkerne unterrühren. Die Creme mit Bittermandelöl abschmecken.

3 Die Vanillecreme in zwei Becher oder Gläser verteilen und die restlichen Pinienkerne daraufstreuen.

Süßes am Abend

Mit Stevia, dem neuen Süßungsmittel, ist das bestens machbar. Zucker, Getreide und auch Früchte sind bekanntlich am Abend tabu – mit Quark, Joghurt und Gelatine aber lässt sich wunderbar zaubern, wie die Rezepte auf dieser und der nächsten Seite beweisen. Bedenken Sie stets Ihre Gesamtbilanz: Leichtes wie die Gelees können Sie getrost als Plus nach einem der vielen Gerichte aus diesem Kapitel genießen. Bei Quarkcreme und Vanillebecher sind ein oder zwei Scheiben Eiweiß-Abendbrot mit etwas magerem Belag oder einem der pikanten Frühstücksaufstriche die perfekte Grundlage.

Kokos-Quark-Creme

250 g Magerquark | 2 EL Kokosnusspulver (ca. 15 g) | Stevia-Süßungsmittel (s. Info rechts) | Zimtpulver | 4 EL Kokos-Chips (ca. 20 g)

Für 2 Personen | 10 Min. Zubereitung
Pro Portion 215 kcal, 18 g EW, 11 g F, 9 g KH

1 Den Quark in eine Schüssel geben, darin mit dem Kokosnusspulver, etwas Stevia-Pulver (Dosierung nach Packungsaufschrift) und 1 Prise Zimt gründlich verrühren. In zwei Schälchen verteilen.

2 Die Kokos-Chips in einer trockenen Pfanne ohne Zugabe von Fett goldbraun rösten. Über den Quark streuen und sofort servieren.

INFO: Seit einiger Zeit werden neben den feinen Kokosraspeln auch Kokos-Chips verkauft, meist finden Sie diese Packungen im Supermarkt bei den Nüssen und Trockenfrüchten.

INFO

Stevia

In ihrer Heimat Südamerika ist die enorme Süßkraft der Blätter der Steviapflanze seit langem bekannt – Indianer nennen Stevia sehr passend Süßkraut. Inzwischen gibt es Stevia auch bei uns als Süßstoff. Besonders praktisch ist das weiße geruchlose und wasserlösliche Stevia-Pulver. Es kann fast immer Zucker ersetzen. Weil Stevia pur etwa 300-mal süßer ist als dieselbe Menge Zucker, kommt sie meist mit neutralen Streckmitteln vermischt in den Handel. Und dennoch brauchen Sie immer nur kleine Mengen. **Achtung:** Es gibt sehr verschiedene Stevia-Süßungsmittel im Handel – beachten Sie stets die Packungsaufschrift. Und dosieren Sie Stevia anfangs in jedem Fall sehr sparsam, sonst schmeckt es leicht bitter oder lakritzartig.

Joghurt-Türmchen mit Zimtschaum

3 Blatt Gelatine | 300 g Naturjoghurt | Stevia-Süßungsmittel (s. Info S. 135) | 1 Ei | 1 TL Zimtpulver

Für 2 Personen | 10 Min. Zubereitung + 3–4 Std. Gelierzeit
Pro Portion 139 kcal, 8 g EW, 9 g F, 6 g KH

1 Gelatine 5 Min. in kaltem Wasser einweichen. Leicht ausdrücken, in eine Tasse geben und im warmen Wasserbad oder in der Mikrowelle auflösen, dann tropfenweise unter den Joghurt rühren. Mit etwas Stevia-Pulver (Dosierung nach Packungsaufschrift) süßen und in zwei Förmchen geben, darin in 3–4 Std. gelieren lassen.

2 Zum Servieren die Förmchen kurz in warmes Wasser stellen, dann das Gelee auf Teller stürzen. Das Ei mit etwas Stevia und dem Zimt verrühren, über einem warmen Wasserbad cremig-schaumig aufschlagen und zum Joghurtgelee geben.

Cappuccino-Gelee

6 Blatt Gelatine | 1/4 l starker Kaffee | 1/4 l fettarme Milch | Stevia-Süßungsmittel (s. Info S. 135) | 2 EL flüssige oder halbsteif geschlagene Sahne | ungesüßtes Kakaopulver (nach Belieben)

Für 2 Personen | 10 Min. Zubereitung + 3–4 Std. Gelierzeit
Pro Portion 90 kcal, 9 g EW, 3 g F, 6 g KH

1 Die Gelatine 5 Min. in reichlich kaltem Wasser einweichen. Den Kaffee eventuell wieder erwärmen, die Gelatine ausdrücken und in dem Kaffee auflösen.

2 Milch und etwas Stevia-Pulver (Dosierung nach Packungsaufschrift) unter den Kaffee rühren. In zwei hohe Gläser umgießen und darin in 3–4 Std. gelieren lassen.

3 Zum Servieren die flüssige oder halb steif geschlagene Sahne obenauf geben, alles nach Belieben ganz fein mit Kakaopulver bestauben.

Zitronentee-Gelee

6 Blatt Gelatine | ½ l starker schwarzer Tee | ½ Bund Zitronenmelisse | Stevia-Süßungsmittel (s. Info S. 135) | 100 g leichter Frischkäse (5 % Fett) | 50 ml Milch

Für 2 Personen | 10 Min. Zubereitung + 2–3 Std. Gelierzeit
Pro Portion 85 kcal, 11 g EW, 3 g F, 4 g KH

1 Die Gelatine 5 Min. in reichlich kaltem Wasser einweichen. Den Tee eventuell wieder erwärmen, die Gelatine ausdrücken und in dem Tee auflösen.

2 Die Zitronenmelisse kalt abwaschen, trocken schütteln, die Blättchen fein hacken und in den Tee rühren. Diesen mit etwas Stevia-Pulver (Dosierung nach Packungsaufschrift) süßen, auf tiefe Teller gießen und im Kühlschrank in 2–3 Std. gelieren lassen.

3 Zum Servieren das Gelee in kleine Würfel schneiden in Schälchen geben, den Frischkäse mit der Milch verquirlen und die Creme über das Gelee geben.

VARIANTEN: Statt mit schwarzem Tee können Sie dieses Gelee auch gut mit Roibusch- oder Kräutertee zubereiten. Ebenfalls fein: Statt Zitronenmelisse etwas frische Minze zugeben und so für eine pfeffrige Note sorgen.

TIPPS: Die Gelierzeit ist bei diesem süßen Genuss etwas kürzer als bei den beiden ebenfalls mit Gelatine hergestellten Desserts auf Seite 136. Die Tee-Gelatine-Mischung wird auf einem Teller ausgebreitet und dadurch schneller fest als in einem hohen Glas. Natürlich können Sie bei allen Geleespeisen Teller oder Gläser verwenden.

Wenn Sie die Desserts statt mit Gelatine lieber mit einem pflanzlichen Geliermittel zubereiten möchten, können Sie Agar-Agar verwenden. Das aus bestimmten Algen gewonnene Pulver gibt es im Reformhaus und in gut sortierten Supermärkten. Die Dosierung ist zwar ein wenig schwieriger als bei Blattgelatine, aber ein Austausch ist jederzeit möglich. Als Faustregel gilt: ein halber Teelöffel Agar Agar wirkt ungefähr wie 4 Blatt Gelatine.

Rezeptregister

Hier finden Sie die Rezepte in alphabethischer Reihenfolge, gekennzeichnet mit F = Frühstück, M = Mittag, A = Abend.

A

Abendbrot mit Krabben-Rührei (A) 92
Ananas-Müsli, Kerniges (F) 43
Aprikosen: Kartoffel-Curry-Eintopf (M) 62
Auberginen
Auberginentaler mit Lammragout (A) 114
Mediterranes Fischgratin (A) 124
Meeresfrüchte mit Auberginenpüree (A) 132
Avcado: Tomatensuppe mit Avocadotatar (A) 94
Bagels mit Lachs und Käse (M) 54
Bandnudeln mit Mohn (M) 76
Bauerngröstl und Beeren-Biskuit-Becher (M) 69
Beeren-Biskuit-Becher zu Bauerngröstl (M) 69
Beeren: Dickmilchkaltschale mit Beeren (M) 84
Brokkoli
Brokkoli aus dem Krustentierdampf (A) 100
Fischfilet spanische Art mit Brokkoli (A) 128

C D

Campari, Orangengelee mit (F) 46
Cappuccino-Gelee (A) 136
Champignons
Griechisches Zitronenhähnchen (A) 109
Lachstaler auf Champignon-Carpaccio (A) 97
Petersilien-Gnocchi mit Safranpilzen (M) 66
Überbackenes Eiweiß-Abendbrot (A) 91
Chicken-Wraps mit Mango (M) 57
Chinapfanne mit Reisnudeln (M) 78
Curryhuhn mit Kokos-Minz-Reis (M) 80
Dattel-Curry-Creme (F) 48
Dickmilchkaltschale mit Beeren (M) 84
Doradenfilet: Thai-Dorade mit Bambussprossen (A) 129

E F

Ei
Grüne Sauce mit Ei und Miniknödeln (M) 68
Tramezzini mit Ei und Pute (M) 57
Vietnamesische Eierflockensuppe (A) 94
Eiweiß-Abendbrot, Überbackenes (A) 91
Erbsensuppe mit Hähnchenbrust (M) 63
Erdbeereis zu Gemüse-Hähnchen-Couscous (M) 74
Fisch
Buntes Fischfrikassee (A) 120
Fischfilet spanische Art mit Brokkoli (A) 128
Fischpfanne mit Kressegemüse (A) 121
Fischröllchen im Spinatbett (A) 130
Gedünstete Forelle mit Mangoldgemüse (A) 122
Kartoffelsalat mit Räucherfisch (M) 58
Mediterranes Fischgratin (A) 124
Rotbarsch mit Mairübchen (M) 82
Seelachspfanne mit Zucchini (A) 125
Tiroler Forellenfilets (A) 127
Thai-Dorade mit Bambussprossen (A) 129
Ungarisches Zanderfilet (A) 126
Flammkuchen Tex-Mex (M) 64
Forelle, gedünstete, mit Mangoldgemüse (A) 122
Forellenfilets, Tiroler (A) 127
Frischkäse: Linsen-Burger (M) 55
Friséesalat: Kaki-Frisée-Salat mit Ziegenkäse (M) 59

G H

Garnelen, Scharfe, im Spinatnest (A) 132
Gemüse-Hähnchen-Couscous und Erdbeereis (M) 74
Grapefruitsalat mit Kürbiskernen (F) 43
Grüne Sauce mit Ei und Miniknödeln (M) 68
Hackbällchen, asiatisch, mit Sprossengemüse (A) 106
Hackröllchen im Schinkenmantel (A) 105
Hafermüsli mit Kirschen (F) 42
Hähnchen
Chicken-Wraps mit Mango (M) 57
Curryhuhn mit Kokos-Minz-Reis (M) 80
Erbsensuppe mit Hähnchenbrust (M) 63
Gebratener Spargel mit Hähnchensauce (A) 103
Gemüse-Hähnchen-Couscous und Erdbeereis (M) 74
Griechisches Zitronenhähnchen (A) 109
Grüne Schupfnudel-Hähnchen-Pfanne (M) 75
Hähnchensalat-Abendsandwich (A) 92
Indische Hähnchenspieße mit Raita (A) 108
Mariniertes Hähnchen aus dem Dampf (A) 110
Strammer Max auf leichte Art (A) 93
Heidelbeerquark zu Möhrenquiche (M) 64
Hirsesalat, Zitronenfrischer (M) 60

I J K

Ingwer: Tofu in Ingwersahne (A) 99
Joghurt-Türmchen mit Zimtschaum (A) 136
Kabeljau im Gemüsemantel (M) 83
Kaki-Frisée-Salat mit Ziegenkäse (M) 59
Kalbfleisch: Steinpilz-Kalbsgulasch (A) 113
Kaninchenfleisch
Mariniertes Kaninchenfilet mit Pilzen (A) 116
Stifado aus dem Tontopf (A) 116
Kapern: Spaghetti mit Tomaten-Kapern-Sauce (M) 77
Kartoffeln
Bauerngröstl und Beeren-Biskuit-Becher (M) 69
Kabeljau im Gemüsemantel (M) 83
Kartoffel-Curry-Eintopf (M) 62
Kartoffelsalat mit Räucherfisch (M) 58
Kartoffeltaler mit Mango-Joghurt-Salsa (aus Kartoffelknödelteig) (M) 67
Linsen-Chili mit gebackenen Kartoffeln (M) 70
Petersilien-Gnocchi mit Safranpilzen (aus Kartoffelknödelteig) (M) 66
Rotbarsch mit Mairübchen (M) 82
Käse: Bagels mit Lachs und Käse (M) 54
Kichererbsen: Pasta-Salat mit Kichererbsen (M) 60
Kirschen
Hafermüsli mit Kirschen (F) 42
Kirschaufstrich mit Schokolade (F) 45
Knabbersticks mit Tomatendip (A) 90
Knödel: Grüne Sauce mit Ei und Miniknödeln (M) 68
Kokos-Minz-Reis zu Curryhuhn (M) 80
Kokos-Quark-Creme (A) 135
Krabben: Abendbrot mit Krabben-Rührei (A) 92
Kürbiskerne: Grapefruitsalat mit Kürbiskernen (F) 43

L

Lachs
Bagels mit Lachs und Käse (M) 54
Buntes Fischfrikassee (A) 120
Lachstaler auf Champignon-Carpaccio (A) 97
Lammfleisch
Auberginentaler mit Lammragout (A) 114
Lamm mit Olivenkruste und Nudeln (M) 81
Stifado aus dem Tontopf (A) 116
Leber-Spießchen, Italienische, mit Zucchinigemüse (A) 118
Linsen
Kartoffel-Curry-Eintopf (M) 62
Linsen-Burger (M) 55
Linsen-Chili mit gebackenen Kartoffeln (M) 70

M

Mairübchen: Rotbarsch mit Mairübchen (M) 82
Mandeln: Pikante Möhren-Mandel-Creme (F) 46
Mango
Chicken-Wraps mit Mango (M) 57
Kalt gerührte Mangocreme (F) 44
Kartoffeltaler mit Mango-Joghurt-Salsa (M) 67
Mangold
Gedämpfte Mangoldröllchen (A) 98
Gedünstete Forelle mit Mangoldgemüse (A) 122
Meeresfrüchte mit Auberginenpüree (A) 132
Meerrettich: Blitz-Tafelspitz mit Meerrettichsauce (A) 112
Mohn: Bandnudeln mit Mohn (M) 76
Möhren
Kabeljau im Gemüsemantel (M) 83
Knabbersticks mit Tomatendip (A) 90
Linsen-Burger (M) 55
Linsen-Chili mit gebackenen Kartoffeln (M) 70
Möhren mit Tofu-Bärlauch-Creme (A) 72
Möhrenquiche und Heidelbeerquark (M) 64
Pikante Möhren-Mandel-Creme (F) 46
Zitronenfrischer Hirsesalat (M) 60

N O

Nudeln: Lamm mit Olivenkruste und Nudeln (M) 81
Orangen
Orangengelee mit Campari (F) 46
Orangen-Polenta, Süße, mit Pflaumen (M) 84
Orangensaft: Kerniges Ananas-Müsli (F) 43

P

Paprikaschoten
Griechisches Zitronenhähnchen (A) 109
Knabbersticks mit Tomatendip (A) 90
Mediterranes Fischgratin (A) 124
Paprika-Rosmarin-Creme (F) 47
Ungarisches Zanderfilet (A) 126
Paprikaschoten, eingelegte: Hackröllchen im Schinkenmantel (A) 105
Pasta-Salat mit Kichererbsen (M) 60
Petersilien-Gnocchi mit Safranpilzen (M) 66
Pflaumen: Süße Orangen-Polenta mit Pflaumen (M) 84
Pilze
Griechisches Zitronenhähnchen (A) 109
Petersilien-Gnocchi mit Safranpilzen (M) 66
Rehragout mit Pilzen (A) 119
Steinpilz-Kalbsgulasch (A) 113
Überbackenes Eiweiß-Abendbrot (A) 91
Pinienkerne: Tomaten-Pinienkern-Creme (F) 49
Polenta: Süße Orangen-Polenta mit Pflaumen (M) 84
Putenbrustaufschnitt
Putenbrust mit Spargel-Vinaigrette (A) 96
Tramezzini mit Ei und Pute (M) 57
Putenbrustfilet
Putensticks mit gebratenem Radicchio (A) 102
Putenwürfel »Saltimbocca« (A) 104

Q R

Quark
Abendbrot mit Krabben-Rührei (A) 92
Bagels mit Lachs und Käse (M) 54
Kokos-Quark-Creme (A) 135
Möhrenquiche und Heidelbeerquark (M) 64
Radicchio
Putensticks mit gebratenem Radicchio (A) 102
Tiroler Forellenfilets (A) 127
Raita: Indische Hähnchenspieße mit Raita (A) 108
Räucherfisch: Kartoffelsalat mit Räucherfisch (M) 58
Rehragout mit Pilzen (A) 119
Reis: Curryhuhn mit Kokos-Minz-Reis (M) 80
Reisnudeln: Chinapfanne mit Reisnudeln (M) 78
Rinderhackfleisch
Asia-Hackbällchen mit Sprossengemüse (A) 106
Chinapfanne mit Reisnudeln (M) 78
Flammkuchen Tex-Mex (M) 64
Hackröllchen im Schinkenmantel (A) 105
Rindfleisch: Blitz-Tafelspitz mit Meerrettichsauce (A) 112
Rosmarin: Paprika-Rosmarin-Creme (F) 47
Rotbarsch mit Mairübchen (M) 82
Rucola-Haselnuss-Creme (F) 49

S

Safran: Petersilien-Gnocchi mit Safranpilzen (M) 66
Sauerkraut-Schinken-Puffer mit Salsa (A) 72
Schinken
Hackröllchen im Schinkenmantel (A) 105
Möhren mit Tofu-Bärlauch-Creme (A) 72
Putenwürfel »Saltimbocca« (A) 104
Überbackenes Eiweiß-Abendbrot (A) 91
Schokolade, Kirschaufstrich mit (F) 45
Schollenfilet: Fischröllchen im Spinatbett (A) 130
Schupfnudel-Hähnchen-Pfanne, Grüne (M) 75
Seelachspfanne mit Zucchini (A) 125
Seidentofu
Dattel-Curry-Creme (F) 48
Rucola-Haselnuss-Creme (F) 49
Tomaten-Pinienkern-Creme (F) 49
Sojajoghurt
Grapefruitsalat mit Kürbiskernen (F) 43
Hafermüsli mit Kirschen (F) 42
Spaghetti mit Tomaten-Kapern-Sauce (M) 77
Spargel
Gebratener Spargel mit Hähnchensauce (A) 103
Putenbrust mit Spargel-Vinaigrette (A) 96
Spinat
Fischröllchen im Spinatbett (A) 130
Putenwürfel »Saltimbocca« (A) 104
Sprossen: Asia-Hackbällchen mit Sprossengemüse (A) 106
Steinpilz-Kalbsgulasch (A) 113
Stifado aus dem Tontopf (A) 116
Strammer Max auf leichte Art (A) 93

T

Thai-Dorade mit Bambussprossen (A) 129
Tofu
Dattel-Curry-Creme (F) 48
Gedämpfte Mangoldröllchen (A) 98
Möhren mit Tofu-Bärlauch-Creme (A) 72
Rucola-Haselnuss-Creme (F) 49
Tofu in Ingwersahne (A) 99
Tomaten-Pinienkern-Creme (F) 49
Tomaten
Spaghetti mit Tomaten-Kapern-Sauce (M) 77
Tomaten-Pinienkern-Creme (F) 49
Tomatensuppe mit Avocadotatar (A) 94
Tortillafladen: Chicken-Wraps mit Mango (M) 57
Tramezzini mit Ei und Pute (M) 57

V W Z

Vanillebecher, Italienischer (A) 134
Wasserkastanien: Tofu in Ingwersahne (A) 99
Zanderfilet, Ungarisches (A) 126
Ziegenkäse: Kaki-Frisée-Salat mit Ziegenkäse (M) 59
Zimtschaum zu Joghurt-Türmchen (A) 136
Zitronenfrischer Hirsesalat (M) 60
Zitronengras (Info) (M) 78
Zitronenhähnchen, Griechisches (A) 109
Zitronentee-Gelee (A) 137
Zucchini
Italienische Leber-Spießchen mit Zucchinigemüse (A) 118
Mariniertes Hähnchen aus dem Dampf (A) 110
Mediterranes Fischgratin (A) 124
Seelachspfanne mit Zucchini (A) 125

Sachregister

Achtsamkeit 20
Algen 28
Anis 28
Ayurvedischer Tee 52
Bewegung 19
Body-Scan 20
Chilischoten 28
Cumin/Kreuzkümmel 28
Eier 28
Eiweiß 26
Eiweiß-Abendbrot/Eiweißbrot 25, 93, 141
Eiweißmahlzeit 51
Entspannungsübung (Body-Scan) 20
Ernährungswissen, Basis- 25
Fette 26
Fettverbrennung 23
Fisch 28
Früchtetee 52
Frühstücksbaukasten 40
Geschmackssinn 09
Gestagen 13
Gewürznelken 29
Haferkleie 29
Harzer Käse 29
Heißhungerattacke(n) 14, 25
HGH (Wachstumshormon) 16
Hormone 12
Ingwer 29
Insulin 15 f.
Insulinpause 25
Insulin-Score 27
Johannisbeeren 29
Kaffee 29
Kardamom 29
Kohlenhydratbedarf, individueller 24
Kohlenhydrate 25
Koriander 30
Kräuter 29
Kräutertee 52
Kreuzkümmel (Cumin) 28
Kümmel 30
Kurkuma 20
Lammfleisch 30
Lebensmittel für Frauen 28
Leinöl 30
Meditation 20
Mischkost 51
Muskatnuss 30
Notfallkoffer 53
Nüsse 30
Östrogen 12
Paprika 31
Pfeffer 31
PMS 14
Prämenstruelles Syndrom 14
Rooibos 52
Salz 31
Schilddrüsenhormon 17
Schlaf 21
Schlaf, erholsamer 88
Schlafmangel, Wirkung 17
SiS, Funktionsprinzip 24
Sport 19
Stevia 31
Tee 31
Testosteron 14
Vanille 31
Wachstumshormon HGH 16
Wasser 31
Weizenkeime 31
Zimt 31

Bücher

- **Schlank im Schlaf. Die revolutionäre Formel: So nutzen Sie Ihre Bio-Uhr zum Abnehmen**
  Pape, Dr. D., Schwarz, R., Trunz-Carlisi, E., Gillessen, H.
- **Schlank im Schlaf – Das Kochbuch**
  Pape, Dr. D., Schwarz, R., Trunz-Carlisi, E., Gillessen, H., Heßmann, G.
- **Schlank im Schlaf – Der 4-Wochen-Power-Plan**
  Pape, Dr. D., Schwarz, R., Trunz-Carlisi, E., Gillessen, H.
- **Schlank im Schlaf für Berufstätige**
  Pape, Dr. D., Schwarz, R., Trunz-Carlisi, E., Gillessen, H.
- **Schlank im Schlaf – 20-Minuten-Küche**
  Pape, Dr. D., et al.
- **Schlank im Schlaf vegetarisch**
  Pape, Dr. D., Cavelius, A., Ilies, A.
- **Die Hormonformel. Wie Frauen wirklich abnehmen**
  Pape, Dr. D., Cavelius, A., Quadbeck, B.

Kontakt

- **Ernährungsmedizin und Adipositas-Konzept**
  Dr. med. Detlef Pape
  Zweigertstraße 37–41, 45130 Essen
  Tel. 0201/7495577
  www.insulean.de

Adressen

- **www.schlank-im-schlaf-shop.de**
  Schlank-im-Schlaf-Diätprodukte wie Eiweißbrot-Backmischungen, Eiweißriegel, Eiweißshakes und mehr bestellen
- **www.eiweiss-abendbrot.de**
  Bäckereien, die Eiweißbrot backen
- **www.oekokiste.de**
  Lieferanten von Biolebensmitteln aus Ihrer Region, online bestellt und an die Haustür geliefert
- **www.mymuesli.com**
  Müsli individuell online mixen und bestellen

Der Schlank-im-Schlaf-Coach

Lassen Sie sich von Dr. Pape persönlich begleiten!

Mit dem Schlank-im-Schlaf-Coach steht Ihnen der Erfolgsafutor online mit Rat und Unterstützung zur Seite.
www.schlank-im-schlaf-coach.de

Das bietet der Online-Coach:
- Dr. Pape erklärt in kurzen **Videos** alle wichtigen Aspekte des Schlank-im-Schlaf-Prinzips und unterstützt Sie im Verlauf Ihrer Mitgliedschaft mit vielen motivierenden Tipps.
- Jeden Tag schlägt er leckere und aktuelle **Rezepte** für morgens, mittags und abends vor – natürlich nach dem Prinzip der Insulin-Trennkost.
- Zum Nachlesen steht Ihnen Dr. Papes umfangreiches **Magazin aus Tipps und Informationen** zur Verfügung.
- Individuelle Bilanzen und die grafische **Gewichtskurve** zeigen Ihnen jederzeit, wo Sie stehen.

Exklusiv für die Leser dieses Buchs: die 14-Tage-Gratis-Mitgliedschaft
Einfach unter www.schlank-im-schlaf-coach.de anmelden und den Gutscheincode **SISFR13** eingeben.

Impressum

Projektleitung: Birgit Rademacker
Texte: Anna Cavelius
Rezepte: Angelika Ilies
Lektorat: Claudia Lenz, Gudrun Mach
Korrektorat: Waltraud Schmidt
Layout und Umschlag: independent Medien-Design, Horst Moser, München
Herstellung: Susanne Mühldorfer
Satz + Repro: Longo AG, Bozen
Druck: Firmengruppe Appl, aprinta, Wemding
Bindung: Firmengruppe Appl, m.appl, Wemding

ISBN 978-3-8338-3607-7

2. Auflage 2014

Die GU-Homepage finden Sie im Internet unter www.gu.de

Umwelthinweis
Dieses Buch ist auf PEFC-zertifiziertem Papier aus nachhaltiger Waldwirtschaft gedruckt.

Die Fotografinnen

Ulrike Schmid und **Sabine Mader** arbeiten seit Jahren als eingespieltes Team in ihrem Fotostudio **Fotos mit Geschmack**. Inspiration finden sie auf ihren Reisen, immer auf der Suche nach ausgefallenen Requisiten.

Bildnachweis

Fotos:
Titelfoto: Fotos mit Geschmack
Klappe vorne, S. 6, 22, 30: Peter Schulte; S. 8: Klaus-Maria Einwanger; S. 10, 18: Bärbel Büchner; S. 21: Andreas Hoernisch; S. 144, Klappe hinten (innen, rechts): Bridgemanard; Klappe hinten (innen, links): Corbis; Klappe hinten (außen, oben): Christian Hoeder, die anderen Porträts privat
Alle anderen Fotos: Fotos mit Geschmack

Illustrationen:
Ingrid Schobel

Syndication:
www.jalag-syndication.de

Wichtiger Hinweis

Die Gedanken, Methoden und Anregungen in diesem Buch wurden nach bestem Wissen erstellt und mit größtmöglicher Sorgfalt überprüft. Sie bieten jedoch keinen Ersatz für kompetenten individuellen medizinischen Rat. Jede Leserin, jeder Leser sollte für das eigene Tun und Lassen weiterhin selbst verantwortlich sein. Weder Autoren noch Verlag können für eventuelle Nachteile oder Schäden, die aus den im Buch gegebenen praktischen Hinweisen resultieren, eine Haftung übernehmen.

www.facebook.com/gu.verlag

GRÄFE UND UNZER

Ein Unternehmen der
GANSKE VERLAGSGRUPPE

QUALITÄTS G|U GARANTIE

Liebe Leserin, lieber Leser,

haben wir Ihre Erwartungen erfüllt? Sind Sie mit diesem Buch zufrieden? Haben Sie weitere Fragen zu diesem Thema? Wir freuen uns auf Ihre Rückmeldung, auf Lob, Kritik und Anregungen, damit wir für Sie immer besser werden können.

GRÄFE UND UNZER Verlag
Leserservice
Postfach 86 03 13
81630 München
E-Mail:
leserservice@graefe-und-unzer.de

Telefon: 00800 / 72 37 33 33*
Telefax: 00800 / 50 12 05 44*
Mo–Do: 8.00–18.00 Uhr
Fr: 8.00–16.00 Uhr
(gebührenfrei in D, A, CH)*

Ihr GRÄFE UND UNZER Verlag
Der erste Ratgeberverlag – seit 1722.

Weiterlesen tut gut.

ISBN 978-3-8338-2197-4

ISBN 978-3-8338-2125-7

ISBN 978-3-8338-8779-2

Erhältlich im App Store

ISBN 978-3-8338-0765-7

ISBN 978-3-8338-1435-8

e Auch als eBook erhältlich.

Mehr von GU auf **www.gu.de** und
facebook.com/gu.verlag

GU

Willkommen im Leben.

Typgerecht abnehmen!

Hormone sind in jeder Sekunde unseres Lebens wirksam. Wie dominant sich insbesondere die Geschlechtshormone auswirken, weiß eine Frau nicht nur aufgrund zyklischer und reifebedingter Veränderungen. Auch die Ausbildung unterschiedlicher weiblicher Körpertypen oder körperlicher Veränderungen im Lauf des natürlichen Alterungsprozesses sind abhängig von der Konzentration bestimmter Hormone. Bereits im Mutterleib und durch die Gene werden die Weichen für einen bestimmten weiblichen Körpertyp und die Verteilung der Körperfettmasse gestellt. Das ist in gesundheitlicher Hinsicht bedeutsam, da die Körperfettverteilung bei Übergewicht einen mehr oder weniger großen Risikofaktor darstellen kann.

In der Pubertät jedes Mädchens prägt sich ein bestimmter Hormon- bzw. Körpertyp aus, der sich dadurch unterscheidet, je nachdem welches Geschlechtshormon dominant ist. Das ist in der Regel genetisch bedingt. Mit zunehmendem Alter verändern sich zudem die Hormonkonzentrationen und führen ihrerseits zu bestimmten körperlichen Veränderungen. Das steckt in unserem biologischen Programm und gehört zum natürlichen Alterungsprozess. Wir unterscheiden drei verschiedene Hormontypen, die im Folgenden beschrieben sind.

Wenn Sie die Schlank-im-Schlaf-Empfehlungen auf Ihren individuellen weiblichen Hormontyp abstimmen, stellt sich Ihr Abnehmerfolg noch schneller ein. So geht's:

Der Östrogen-Typ

- Körperbau: »Sanduhr-Figur«, gynoide Fettverteilung (Birnenform) mit schmaler Taille und eher kräftigen Oberschenkeln und Po
- Haut: glatt und rosig, festes Bindegewebe
- Haar: voll und kräftig
- Knochenbau: eher kleiner und zierlich
- Muskulatur: normal
- Gesundheit: stabiles Immunsystem, starke Nerven

Gewichtsfalle: Biologisch ist dieser Hormontyp angepasst an eine kohlenhydratreiche und fettarme Kost sowie an gleichmäßige, ausdauernde Kraftleistungen. Östrogenfrauen nehmen zu, wenn sie ihre Muskeln zu wenig einsetzen, ihre Ernährung zu fettreich ist und mit zu viel Eiweiß kombiniert wird.

Was ihr gut tut: Muskelaufbautraining, aktiver Alltag, Yoga, Entspannungsübungen

So nimmt der Östrogen-Typ ab

Weil dieser Hormontyp Kohlenhydrate sehr gut verträgt, muss er nur am Abend auf Eiweiß pur setzen, um überflüssige Pfunde zu verlieren.

- **Frühstück:** Kohlenhydrate

3 Scheiben Roggenbrot oder 2 Brötchen mit insgesamt 2 EL süßem Aufstrich (Marmelade,